'우주항공방산(SA&D)'을 통한
우주경제 비즈니스 전략

우주경제에 투자하라

'우주항공방산(SA&D)'을 통한
우주경제 비즈니스 전략

우주경제에 투자하라

양현상 지음

두드림미디어

우주를 통한 초연결, 초지능, 초융합의 시대를 예단하고, 우주에서 항공, 방산을 일관하는 통찰력이 돋보이는 책입니다. 다양한 사례 연구를 통해 우주산업, 우주경제에 대한 탁월한 미래 비전을 제시하고 있습니다.

– 곽신웅 국방우주학회장(국민대 교수)

'우주 강국'으로 거듭나기 위해 우주항공산업을 육성하는 데는 사회적 공감대가 어느 정도 형성되어 있습니다. 우리나라와 기존 '우주 강대국' 간에 현격한 기술 격차를 줄이기 위해서는 장기적으로 꾸준한 투자가 필수적입니다. 이제는 본격적인 우주경제 시대를 열기 위해 정부도 과감한 투자를 해야 합니다. 우주경제에 공감할 수 있도록 많은 분이 이 책을 통해 우주경제에 대한 여정을 시작하시길 바랍니다.

– 최태진 항공우주 공학박사

우주산업 시장은 최근 급속도로 변화하고 있으며, 이러한 변화에 발맞추어 안내서의 필요성이 커지고 있습니다. 이 책은 우주산업 시장에서 나아갈 방향을 제시하는 좋은 안내서 역할을 할 것입니다. 정부, 민간, 연구기관 등 우주산업 관련 일을 하는 분들이 우주경제를 이해하기 위해 읽어야 할 필독서입니다.

― 박정현 우주항공추진단장(전남 고흥군)

이 책은 우주경제에 대한 포괄적인 이해를 제공합니다. 우주경제의 실제 사례와 데이터를 통해 독자들이 우주경제의 현재와 미래를 명확히 이해할 수 있을 것입니다. 우주에서 새로운 기회를 탐색할 수 있는 길잡이가 될 것입니다.

― 조헌주 센터장(광주시)

우주는 이제 더 이상 먼 미래의 이야기가 아닙니다. 이 책은 우주에서 펼쳐질 새로운 기회를 멋지게 안내하며, 우주산업이 가져올 혁신적인 변화들을 이해하기 쉽게 풀어내고 있습니다. 우주항공방산 분야를 중심으로 미래의 비즈니스 전략을 제시하며, 독자들에게 우주경제의 무한한 가능성을 발견할 수 있는 소중한 인사이트를 제공할 것입니다.

― 박재홍 대표이사(우나스텔라)

우주산업의 개념과 발전 방향에 대한 본질을 관통하는 이 책을 우주 방산항공 시장에서 비즈니스 기회를 찾는 사람들에게 적극적으로 추천합니다. 정부기관에서 다양한 사업을 발주하고 수주한 경험에 기반한 저자의 우주항공방산 사업 전략은 기업들이 신사업 수주 전략을 수립하는 데 큰 도움이 될 것입니다.

– 이현탁 방산 부문 수석 컨설턴트(B2B마스터즈)

우주 관련 분야의 기술을 우주 환경에서 연구하는 개념으로 접근할 필요가 있습니다. 우주 환경의 특성을 고려한 의학 분야의 접근은 흥미롭고 새로운 비즈니스적 기회가 많은 우주경제에서의 산업 분야라고 봅니다. 이러한 관점에서 우주경제의 글로벌 동향과 이해를 돕는 이 책은 다양한 산업 분야에서 종사하는 분들에게도 도움이 될 것입니다.

– 이성희 의학박사(성형외과 전문의)

그간 언론 기고를 통해 저자가 제시한 미래 산업에 대한 탁월한 식견과 비전을 관심 있게 보고 있었습니다. 저자의 언론 기고 중 우주경제에 대한 종합된 내용을 책으로 출간해 궁금한 우주경제에 대한 이해를 돕는 데 많은 도움이 되었습니다. 민간기업도 우주산업에 뛰어드는 요즘 직접 종사하지 않는 분들도 다양한 분야에 적용할 수 있는 사업적 비전을 제시할 것입니다.

– 최규희 변호사(김앤장)

"인간과 우주는 가장 근본적인 의미에서 연결되어 있다. 과거에도 현재에도 미래에도 있을 그 모든 것이다"라는 《코스모스》의 저자, 칼 세이건(Carl Edward Sagan)의 말처럼 우주는 우리와 함께하는 공간이다.

지금의 시대는 초연결, 초지능, 초융합이라는 '연결의 확장 시대'에 살고 있다. 연결의 기술과 방법은 지구를 넘어 우주공간으로 연결을 가능하게 하고, 수요의 증가를 충족하기 위해 우주공간의 연결을 요구하는 필연적 이유가 되고 있다.

이 파도를 보고만 있을 것인가, 파도에 올라탈 것인가.

2017년부터 끊임없이 기회가 있을 때마다 필자는 '우주산업을 활성화해야 하고, 우주공간은 경제의 공간이 될 수 있다'라고 말해왔다. 이런 발언들이 힘을 얻은 것은 일론 머스크(Elon Musk)의 화려한 우주에 대한 여정 덕분이다. 이제는 다양한 매체와 언론에서 우주산업에 대한 개발과 투자 관련 소식을 접하게 된다. 이러한 우주산업에 대한 분위기는 희망적이고 큰 기대를 모으고 있다. 이제는 우주경제 투자를 위한 우주산업 인사이드를 공유하며 우주경제를 견인하고 있다.

정부는 우주 강국 도약과 대한민국 우주시대 개막을 국정과제 중 하나로 선정했다. 그러면서 2022년 11월에는 미래 우주경제 로드맵을 선포했다. 여기에 따르면 2027년까지 우주개발 투자 예산을 2021년 7,300억 원에서 5년 이내에 2배 수준인 1조 5,000억 원까지 늘려서 2045년에는 우주산업의 세계 시장 비중을 10%까지 끌어올리겠다는 굉장히 야심 찬 계획을 발표했다.

지난 10년 동안 약 2,000개 회사에 3,000억 달러(약 410조 원)가 투자되면서 우주산업이 본격적인 성장에 들어섰다고 볼 수 있다. 하지만 앞으로 10년은 지난 10년 동안 우주산업이 성장한 것은 미미해보일 정도로 발전 속도가 훨씬 빠를 것이다. 전 세계가 우주기술의 중요성을 깨닫고 우주산업에 뛰어들면서 더 빨리 더 크게 발전할 것이다.

머스크가 CEO로 있는 우주 수송장비 제조회사 스페이스X(SpaceX)가 모든 것을 쉽게 보이게 만들었지만, 여전히 우주산업은 실체가 보이지 않는 사업이고 매우 어려운 분야라고 생각한다. '실행 없는 비전은 환각에 불과하다'라는 말처럼 목표를 달성하기 위한 기술이나 경험은 필수다. 시장 상황이 어떻게 흘러가는지 최신 정보에 주목하고 다양한 비즈니스 기회를 찾기 위한 전략 수립이 필요하다.

우주경제의 사업 분야는 통신, 운송, 지구 관측의 3가지 주요 영역으로 나눌 수 있다. 2040년까지 전 세계 우주경제 시장 규모가 10억 달러를 넘어설 것으로 예측하는 가운데 현재 진행 속도라면 이 수준을 훨씬 더 일찍 달성할 수 있을 전망이다. 필자는 우주경제 사업의 여러 가지 방법을 제시하고 다양한 정보를 공유하려고 한다.

우주산업은 매년 약 7%씩 성장해 2035년에는 7,750억 달러에 달할 것으로 예상되며, 이는 전 세계 GDP 성장률을 150% 앞지르는 수치다. 2030년대까지 매년 6~8%씩 성장할 것으로 예상되는 반도체 산업과 어깨를 나란히 할 수 있는 규모다.

우주산업은 현재보다 미래라는 인식이 우리의 발목을 잡고 있다. 필자는 우주산업이 현재로 다가왔음을 보여주는 글로벌 사례를 다양하게 이 책에서 소개하고 구체적인 사례들을 전달하고자 했다. 글로벌 기업들은 우주를 미래가 아닌 현재로 여기며, 달 탐사와 천문학의 호기심으로만 바라보지 않고 있다. 기업의 현실은 우주경제 공간을 바라보는 시각과 방향에 대한 고민이 필요하다. 사업적 접근에 어려움을 겪고 있는 것이 현실이다. 이러한 현실적 대안으로 필자는 우주경제의 실현과 우주공간을 경제 공간으로 만들기 위해 '우주항공방위산업(이하 우주항공방산)'이라는 통합적 개념을 제시하고자 한다.

향후 우주산업의 중심에는 방위산업 기업들이 있을 것이라는 전망도 나온다. 지금도 방위산업 기업들은 우주 분야에도 많이 참여하고 있다. 실제로 21세기 미국의 달 탐사 계획인 아르테미스 프로그램(Artemis

Program)에는 록히드 마틴, 보잉, 에어버스, 노스롭 그루먼과 같은 방위산업 기업들도 대거 참여하고 있다. 우주, 항공, 방산 분야의 공통분모와 개별적 특성을 생각하면, 비즈니스의 로드맵과 사업기획에 많은 도움을 받을 수 있을 것이다. 필자가 경험한 결과, 이 분야는 독립적 산업구조가 아니며 함께 추진하는 전략적 접근이 가능하다는 결론을 얻었다.

이 책이 기업가, 투자자, 정부기관 및 대학, 우주, 항공, 방산 분야에 다방면으로 관심이 있는 분들에게 우주공간을 경제공간으로 인식하는 데 다양한 인사이트를 줄 것으로 기대한다.

우주경제 상황은 매우 빠르게 변화하고 있다. 중요한 역할 중 하나는 미래의 비전을 제시하는 것이다. 세계적으로 진행되는 우주경제의 흐름을 이해하고, 우주경제의 현실적 난관을 미래의 비전으로 만들어야 한다.

우주공간이 기회의 공간으로 이동하는 인식의 변화와 구체적 방법을 찾는 기회가 되길 바란다. 이러한 여정은 순탄하지 않을 수 있다. 파도가 넘실거리는 바다에서 파도와 바람의 방향을 이용해서 서핑하는 것처럼 많은 사람이 용기를 내서, 우주공간에 일렁이는 파도에 올라타길 바란다.

양 현 상

차례

PART 01

우주경제 변화의 중심

PART 06

우주경제를 위한 과제들

PART 01

우주경제 변화의 중심

우주, 미지에서 기회로

　우주를 언제까지 아득하고 멀게만 느낄 것인가? 인류는 오래전부터 우주에 대한 동경과 두려움을 품어왔다. 우주는 더 이상 미지의 영역으로만 머물러 있지 않다. 인류가 최초로 달에 발을 디딘 후, 지구 너머로 나아가기 위한 인류의 활동은 셀 수 없을 정도로 많아졌다. 더 나아가 지구에 없던 새로운 가치를 우주에서 찾기도 한다. 이제 인류에게 우주는 낯선 공간이 아니라 새로운 기회의 땅이 되었다.

　인류가 '창백한 푸른 점(Pale Blue Dot, 지구를 일컫는 명칭)'을 벗어나 1957년 10월 구소련이 세계 최초의 인공위성을 쏘아 올리고 12년 후 인류가 최초로 달 표면에 착륙하기까지, 우주를 향한 인류의 도전은 계속되었다. 이처럼 우주 탐사 시대가 막을 올리자 인류에게 우주는 점차 추상적 공간에서 현실적 공간으로 변모했다. 동시에 인류는 우주에서 자원 획득의 기회를 엿보기 시작했다. 핵융합 연료로 이용되는 헬륨-3은 가장 주목받는 우주자원 중 하나다. 달에 매장된 헬륨-3의 양은 100만 톤 이상으로 추정된다. 또한 우주를 개발하고 탐사하는 빈도가 높아지면서 우주는 새로운 산업을 펼칠 수 있는 배경으로 부상했다.

우주산업은 인공위성을 사용해 각종 서비스를 제공하는 위성 서비스 산업부터 우주 관련 기기의 제조 산업까지 넓은 범위를 포괄한다. 예를 들면, 중력으로부터 비교적 자유로운 우주 정거장에서는 나노기술을 이용해 첨단소재 개발과 신약 개발 실험 등 다양한 활동이 가능하다. 지구와 우주의 차이로 새로운 기회를 만들 수 있는 공간이 되는 것이다.

뉴스페이스 시대는 한층 다양해진 개발자와 더욱 가까워진 우주의 여정이 불확실함에 도전하는 과정의 연속이라고 할 수 있다.

미국과 소련이 주도했던 냉전 시대의 우주 진출은 군사적 우위를 선점하기 위해서였다. 당시의 기술 수준으로 로켓과 인공위성을 개발하는 데에는 막대한 비용이 필요했기에 우주개발 대부분은 국가가 주도했다. 관련 정보는 모두 군사기밀정보로 취급되었다. 시간이 흐르고 우주산업이 그 폐쇄성을 벗어남에 따라 여러 민간기업이 참여하는 뉴스페이스 시대가 도래할 수 있었다. 기술 발전으로 인해 과거에 비해 적은 비용으로도 발사체와 인공위성을 제작할 수 있으며, 심지어는 발사체를 재사용할 수도 있게 되었다. 발사체 시장에서 약 60%의 점유율을 가진 우주기업 스페이스X는 2015년, 21번의 실패 끝에 발사체 팰컨-9를 지구로 귀환시키는 데 성공했다. 또한 발사체 및 인공위성 제작 과정에서 3D 프린터기를 사용하는 등 새로운 방법들을 통해 제작비용과 시간을 줄일 수 있게 되었다.

기술력의 꾸준한 발전이 우주산업 시장의 수익성과 생산성을 향상시켰고, 과거 정부에만 의존하는 것이 당연했던 우주개발이 이제는 민간 우주기업에 많은 기회를 안겨줄 수 있는 시대가 왔다.

최첨단 기술의 개발은 기업에 도움이 되는 만큼 높은 초기 비용을 요구한다. 민간기업이 우주산업에 뛰어드는 이유는 우리가 일상에서 사용하는 헬스, 의료, 운송, 환경까지, 우주개발 기술에서 비롯되었다. 많은 기업이 보유하고 있는 기술을 바탕으로 시장의 확대, 기회의 확대가 가능하기 때문이다.

앞으로 우리가 어떤 비즈니스 기회를 창출하는 것에 따라 우주를 위한, 어쩌면 무모하게 생각했던 노력이 현재와 미래사회의 삶을 편리하게 만들어줄 수 있게 될 것이다. 우주 인터넷부터 우주 관광까지, 엄청난 확장성을 자랑하는 우주산업은 거대한 블루오션으로 평가받는다. 우주산업에 참여하던 구글과 같은 기업도 이제는 우주기업으로까지 확장 중이다. 앞으로는 우주 관광 및 우주제조와 같은 신산업이 출현해 우주산업 성장을 이끌 것이다. 동시에 복잡해질 우주궤도를 관리할 우주 교통관제 이슈와 국제 규범 등 다양한 분야에 중요한 이슈들이 발생할 것이다.

인류가 달이나 화성 등에 이주해서 정착하는 프로젝트들이 현실로 다가오고 있다. 미국 테슬라의 일론 머스크가 이끄는 스페이스X는 화성에 화물을 보내는 것을 목표로 하고 있다. 스페이스X는 다양한 자원이나 위험 요소를 확인하고, 발전, 채광, 생명을 유지할 인프라 구축 등을 진행할 예정이다.

2024년에는 승무원의 2회 탑승과 로켓 추진체의 저장고 건설, 미래 승무원 비행 준비를 계획하고 있다. 머스크는 이러한 시도를 통해 화성에 기지를 구축하고, 최종적으로는 2060년대까지 100만 명을 보낼 계획이라고 밝혔다.

일본의 스타트업 기업 아이스페이스(Ispace Inc)는 달 착륙을 목표로, 달의 다양한 자원을 활용해 우주 인프라를 구축하고, 인류의 생활권을 우주로 넓혀가는 것을 지향한다. 2040년에는 1,000명이 달에 정착하고, 연간 1만 명이 방문하는 구상도 내놓았다.

미국 아마존의 창업주 제프 베이조스(Jeff Bezos)도 2000년 블루오리진(Blue Origin)을 설립하고 우주여행선 프로젝트를 진행하고 있다. 미국 기업 인튜이티브머신스는 2024년 2월에 자사의 달 탐사선 '오디세우스'가 달 남극 근처의 분화구 '말라퍼트 A' 지점에 착륙하는 데 성공했다고 발표하기도 했다. 최초의 민간기업 사례이며, 이로써 미국은 52년 만에 다시 달 착륙에 성공한 국가가 되었다.

인간이 달과 화성에서 살려면 우주공간에서도 버틸 수 있는 건축 자재, 식물, 쾌적한 공기, 위생 기기, 필수적인 요소 중 하나인 식품이 필요하다. 또한 지구에서 물자를 운반하려면 너무 큰 비용이 들기 때문에 기기와 건축 자재, 화학 섬유, 식품 등은 달이나 화성에서 직접 생산할 수 있도록 시스템을 구축해야 한다.

우주로 이주하거나 정착하는 것은 우주를 이용하는 여러 방법의 하나일 뿐이다. 우주를 이용하는 방법에는 위성 데이터 활용, 우주공간 서비스, 엔터테인먼트, 우주여행 등도 생각할 수 있다.

이 중 위성 데이터 활용은 지구 관측 데이터를 비즈니스에 도움이 되도록 활용이 가능하다. 현재 사용하고 있는 GPS, 리모트 센싱 사용은 중요한 사례가 될 수 있다.

우주공간 서비스에는 우주 쓰레기의 제거, 멈춘 민간 위성의 재작동 등이 있다. 인공지능 시대 블루오션을 잡으려는 경쟁이 과열되고 있다. 4차 산업혁명은 초연결, 초지능, 초융합으로 연결되며 확장되고 있다. 이러한 확장이 우주경제를 이끌고 있다. 더 많은 연결과 확장을 할 수 있는 인프라가 우주공간에서도 필요하다. 지금이 이러한 미래 소요에 충족을 위해 인재 양성과 우주경제를 주도할 사업을 창출해낼 싱크탱크(Think Tank)가 필요한 이유다.

우주경제의 단계화로 현재 적용을 고려한 실험의 장, 사업의 장이 되었다. 지치지 않고 시너지를 낼 수 있는 우주항공방산의 융합이야말로 끊임없는 연장선의 미래 전략을 그리는 데 필수적이다. 우주항공방산의 통합된 융합의 접근은 엄청난 유리한 조건을 가지고 있다. 어디에서도 할 수 없는 기회가 왔다고 볼 수 있는 것이다. 그 기회는 꿈을 꾸는 사람만이 잡을 수 있다.

모두의 이익을 위해 우주의 비밀을 탐구하고, 새로운 기회를 창출하면서 발견을 통해 세상에 영감을 준다. 우주경제의 비전은 가장 근본적인 질문에 답함으로써 인류에게 가치를 제공하는 데 기반을 두고 있다. 이 모든 것은 어떻게 시작되었는가? 우리는 모두 혼자일까? 다음 단계는 무엇일까? 어떻게 하면 더 나은 삶을 살 수 있을까? 이러한 질문을 거듭하며 인류가 발전할 수 있었던 것처럼 우주경제를 위한 끝없는 질문은 계속되어야 한다.

맥킨지앤컴퍼니(McKinsey & Company)와 공동으로 발표한 세계경제포럼(World Economic Forum) 보고서는 우주경제가 우주기술이 발전함에 따라 2035년까지 1조 8,000억 달러(약 2,410조 2,000억 원)에 이를 것으로 예상했다.

세계경제포럼 집행위원회 위원인 세바스찬 버쿱(Sebastian Buck up)은 "우주기술은 그 어느 때보다 다양한 이해관계자에게 더 큰 가치를 제공하고 있다"라고 말했다. "비용이 절감되고 접근성이 좋아짐에 따라 이러한 기술은 전체 산업을 재편할 수 있으며, 스마트폰이나 클라우드 컴퓨팅만큼 비즈니스와 사회에 큰 영향을 미칠 수 있다"라고도 했다.

우주경제는 현재까지 가장 통합적이고 국경을 초월한 인류의 노력 중 하나가 되었다. 15개국 5개 우주 기관[NASA(미국), Roscosmos(러시아), JAXA(일본), ESA(유럽), CSA(캐나다)가 국제 우주 정거장(ISS)을 운영하고 있으며, 20여 개국이 아르테미스 협정에 서명해 달에서의 장기적인 인간 탐사 및 연구를 위한 공유 가치에 대한 의지를 표명했다.

우주경제를 통해 우리는 지구와 태양계를 연구하는 새로운 관점을 얻는다. 새로운 세대의 예술가, 사상가, 엔지니어나 과학자에게 일상생활을 개선하는 새로운 기술을 발전시킬 수 있는 기회가 찾아왔다. 새로운 관점에서 인류의 변화는 시작되었다.

2035년까지 우주의 미래에 대해 알아야 할 4가지

① 우주는 세계 경제에서 더 큰 부분을 차지한다.

2035년까지 우주경제는 2023년 6,300억 달러에서 1조 8,000억 달러에 이를 것으로 예상하고 있다. 연평균 성장률은 9%로 세계 GDP 성장률을 크게 웃돌 것으로 예상된다. 우주 기반 및 통신과 같은 지원 기술은 위치, 내비게이션, 지구 관측 서비스 등으로 성장의 핵심 동력이 될 것이다.

② 우주의 영향은 점점 더 우주 자체를 넘어선다.

전통적인 하드웨어 및 서비스 제공업체가 차지하는 점유율은 전체 우주경제에서 위성과 같은 우주 기반 기술에 의존하는 차량 호출 앱과 같은 다른 서비스의 혜택으로 서서히 줄어들 것이다.

③ 사람과 상품을 연결하는 공간이 된다.

공급망 및 운송, 식품 및 음료, 국가가 후원하는 국방, 소매, 소비자 및 라이프 스타일, 디지털 통신은 2035년까지 전 세계 우주경제의 60%를 차지할 것으로 예상된다. 2035년까지 도달 범위는 1.5배 더 빠르게 성장해 연간 11% 수준이 예상되고 우주경제의 주요 동력이 될 것이다.

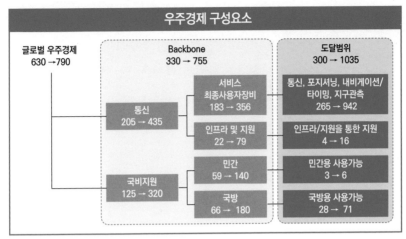

출처 : Future of Space Economy research

④ 우주경제 투자 수익은 더욱 늘어날 것이다.

우주는 재난 경보 및 기후 모니터링에서 인도주의적 대응 개선 및 더욱 광범위한 번영에 이르기까지 전 세계의 문제를 완화하는 데 점점 더 중요한 역할을 하게 된다.

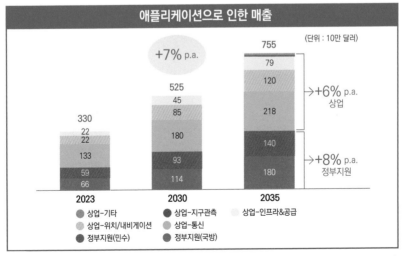

출처 : Future of Space Economy research

우주경제의 확대

발사 비용의 감소와 지속적인 상업적 혁신은 우주에서 그 어느 때보다 더 많은 일을 할 수 있다는 것을 의미한다. 예를 들어, 연간 발사되는 위성의 수는 50%의 비율로 증가하지만, 발사 비용은 지난 20년 동안 10배 하락해 더 많은 발사를 가능하게 했다. 연결성의 핵심인 데이터 가격도 하락했으며, 이러한 추세는 다양한 부문에서 광범위하게 지속할 것으로 예상된다. 더욱이 메가로켓 기술이 보편화함에 따라 궤도에 올릴 수 있는 기술과 가격이 우주경제 확대의 기회를 크게 열었다. 또한 정부와 민간을 포함한 광범위한 투자자가 우주에 투자하고 있으며, 2021년과 2022년에 투자된 투자액은 700억 달러 이상으로 사상 최고치를 기록했다. 이제 우주여행과 같은 응용 프로그램은 더 이상 공상 과학 소설의 영역이 아니다.

우주경제 발전의 핵심 원동력은 우주 정책 프레임워크, 선구적인 비즈니스 모델 및 활기찬 우주경제 투자를 통한 시너지 효과라고 할 수 있다. 우주의 미래는 우리가 건설하는 목적지뿐만 아니라 그 과정에서 우리가 만드는 경제 생태계에 관한 것이다.

우주기술은 2035년까지 지속적으로 발전할 것이며, 세계 경제에 혁명을 일으킬 수 있다. 수십 년 동안 지구 관측(EO) 위성은 중요하지만 거의 사용되지 않는 도구였다. 이제 클라우드 컴퓨팅, 데이터 및 AI 혁명으로 인해 관측 데이터는 농업에서 ESG 보고에 이르기까지 수많은 일상적인 의사 결정에 일상적으로 사용될 수 있게 되었다.

우주자원 개발은 달이나 소행성에서 희귀 광물 자원을 채굴하고 활용할 수 있게 만들 것이다. 이는 지구의 자원 고갈 문제를 해결하고 새로운 자원 확보를 가능하게 할 것이다.

우주 관광 산업은 민간 우주여행이 실현되면 우주 관광 시장이 크게 성장할 것이고, 새로운 산업 분야와 일자리를 창출할 수 있다. 우주 기반 통신 및 인터넷은 저궤도 위성 기반의 초고속 인터넷 서비스가 가능해질 것이다. 전 세계적으로 인터넷 접근성을 높이고 새로운 비즈니스 모델을 만들어낼 수도 있다. 우주 제조업은 우주 환경에서 제품을 생산하는 기술이 발전하면 지구와는 다른 특성의 제품 생산이 가능해진다. 이는 새로운 시장을 열리는 것을 의미한다. 우주 자원 활용은 우주에서 생산된 에너지나 자원을 지구로 전송하는 기술이 발전하면 지구의 에너지 문제 해결에 기여할 수 있다. 이처럼 우주기술의 발전은 새로운 산업과 시장을 만들어내 세계 경제에 큰 변화를 가져올 수 있을 것으로 기대된다. 또한 농업, 정보 기술, 건설 분야 등 인접 산업까지 우주기술이 제공하게 되어 수십억 달러의 수익, 비용의 효율성 및 경제 환경에 다양한 혜택을 누릴 것이다.

우주가 세상을 바꾸는 방법

우주는 기후 위기의 영향에서 경제적 격차에 이르기까지 세계가 직면한 가장 큰 도전 과제 중 일부를 해결하는 데 도움이 될 수 있는 잠재력을 가지고 있다. 예를 들어, 우주기술은 이미 재난 경보 및 관리에 중요한 역할을 하고 있다. 이는 기후 재해에 대한 모니터링 개선, 탄력적인 통신 네트워크에 대한 접근성 향상, 위성 위치 확인 데이터를 통한 추적 최적화로 인해 몇 배로 증가할 것으로 예상한다.

우주기술은 또한 노후화된 산업 인프라에서 발생하는 메탄 누출 모니터링과 같은 혁신을 통해 기후 변화를 완화하려는 노력을 지원해 사회경제적 이익도 가져다줄 것이다. 우주는 디지털 격차를 해소하고, 교육 및 의료에 대한 접근성을 확대하고, 농업, 천연자원 및 환경 변화에 대한 정확한 모니터링을 가능하게 함으로써 교육 및 경제활동에 대한 접근성을 개선해 경제 불평등을 해결하는 데 중추적인 역할을 할 것이다.

우주의 잠재력 수용

미래를 내다보면 모든 부문이 우주경제의 원동력이 될 수 있다. 농업, 건설, 보험, 기후 변화와 같은 점점 더 다양한 부문의 비즈니스가 모두 새롭게 확장되는 우주경제의 영역이 될 수 있다. 우주의 잠재력을 이해하고 수용함으로써 공공 및 민간 산업 주체는 우주경제의 리더로 자리매김해 장기적인 이점을 얻을 수 있다.

앞서 언급한 세계경제포럼 보고서에 따르면 2035년까지 세계 우주경제가 1조 8,000억 달러에 이를 것으로 예측하고 있다. 하지만 데이터에 대한 접근성 향상과 우주 진입 비용 절감을 기반으로 2조 3,000억 달러의 상향 추정치가 작용할 수 있다.

반대로, 우주에 대한 접근이 지연되고 우주가 아닌 지구를 기반으로 한 중요한 기술 발전이 있으면 1조 4,000억 달러의 하향 추정치도 예측할 수 있다. 어느 쪽이든, 우주의 잠재력을 이해하고 수용할 때 공공 및 민간기업은 경제적 이익을 위해 무수히 많은 잠재적 응용 분야를 찾는 데 도움을 줄 좋은 기회를 만들 수 있다.

우주는 새로운 경제 공간

공간은 우리의 상상력과 창의성을 자극하는 원천이 된다. 제한된 공간에서도 우리는 무한한 상상의 세계를 펼칠 수 있다. 공간의 상상력을 극대화하는 것은 가치가 있다. 기후 위기, 군사적 갈등, 저출산, 계속되는 빈부격차 등으로 많은 사람의 미래 전망이 점점 어두워지는 시대에 우주는 인류의 희망과 비전을 계속해서 제공하고 있다. 우주에서 인간 활동의 미래를 논의할 때 다양한 문제를 제시할 수 있다.

우주는 특히 비현실적인 기대에 빠지기 쉬우므로 우주와 공상과학은 종종 같은 맥락에서 언급된다. 그러나 우주가 엄청난 경제 발전의 잠재력을 가진 인간 활동의 핵심 영역이 되었다는 점은 매우 중요한 사항이다. 위성 항법, 통신 시스템 및 지구 관측은 우리의 공간이 없어서는 안 될 존재로 만들었다. 더 쉽게 접근할 수 있게 되면서 테슬라와 같은 자동차 제조업체가 이제 스페이스X를 통해 자체 위성을 소유하게 되었다. 이제는 일부 기업의 형태와 업종에 국한되지 않고 새로운 기업들에도 기회의 공간이 열리고 있다고 볼 수 있다.

중소기업과 대기업을 막론하고 거의 모든 기업은 이미 경제적 이점을 위해 우주공간을 사용하고 있다. 미래의 추세는 공간 자산에 적극적으로 참여하고 비즈니스 모델에 도움이 되도록 우주공간을 활용할 수 있는 방법을 조사하는 방향으로 나아갈 것이다. 우주에서의 우리의 미래는 인류를 위한 비전을 제시하고 있으며, 비즈니스와 경제를 위한 엄청난 기회의 장이 되고 있다.

우주경제 - 성장, 다양화와 새로운 비즈니스 모델

2040년까지 우주경제의 총가치는 1조 달러를 초과할 것이며, 궤도에 있는 우주 발사 및 우주선의 수가 엄청나게 증가할 것이다. 우주에 대한 접근이 더 쉽고 저렴해져서 우주에서 활동은 다양화되고 있다.

우주산업은 크게 2가지로 구분할 수 있는데, 지구를 대상으로 한 위성 우주산업(Space for earth economy)과 2020년 스페이스X의 첫 민간 유인 우주선 성공 같이 우주를 대상으로 한 비위성 우주산업(Space for space economy)이 있다. 위성 우주산업은 계속해서 핵심적인 역할을 하겠지만, 우주 인프라 구조의 증가는 우주 자산에 서비스를 제공해 비위성 우주산업으로 전환될 것이다. 이제 우주산업은 서비스와 공간이 더욱 다양해질 것이다.

위성 우주산업은 우주기술과 자원을 활용해 지구 환경 문제를 해결하고자 하는 비즈니스 모델이다. 지구 관측 위성, 원격 탐사 기술 등 우주기술을 활용해 환경 모니터링 및 데이터를 수집하고, 우주자원 활용, 우주 폐기물 관리 등 환경솔루션을 개발할 수 있다. 우주기술을 통한 환경솔루션 개발은 기후 변화, 자연재해, 생태계 보호 등 지구 환경문제 해결을 위한 다양한 솔루션을 제공하고, 신재생 에너지, 수자원 관리, 폐기물 처리 등의 분야에서 우주기술을 활용하는 것이다. 우주기술과 자원을 활용해 지속가능한 발전을 지원하고 지구 환경 보호와 자원 효율성 향상에 기여하게 된다.

정부, 기업, 연구 기관 등 다양한 이해관계자가 협력해 수익 모델 개발하고, 정부 지원, 투자 유치, 서비스 판매 등을 통한 수익 창출이 가능하다. 이처럼 위성 우주산업은 우주기술과 자원을 활용해 지구 환경 문제를 해결하고 지속가능성을 증진시키는 혁신적인 비즈니스 모델이다.

비위성 우주산업은 우주공간 활용과 우주 자원 개발을 중심으로 한 비즈니스 모델이다.

우주 인프라 구축은 우주 정거장, 달 기지, 궤도 위성 등 우주 인프라 개발 및 운영을 통한 우주 탐사, 우주 관광 등을 위한 기반 시설을 만드는 것이다.

우주 자원 개발은 달, 소행성 등에 존재하는 광물, 금속, 수자원 등 우주 자원 탐사 및 채굴을 통한 우주 자원을 활용한 제품 생산 및 판매를 하는 것이다.

우주 서비스 제공은 우주 관측, 우주 통신, 우주 물류 등 다양한 우주 관련 서비스를 제공하고, 우주 관광, 우주 실험, 우주 제조 등 새로운 우주 활동 서비스를 개발하는 것이다.

정부, 기업, 연구 기관 등과 협력해 투자 유치와 수익을 창출하고, 우주 인프라 임대, 우주 자원 판매, 우주 서비스 제공 등 다양한 수익원 확보가 가능하다. 이처럼 비위성 우주산업은 우주공간 자체를 비즈니스의 대상으로 삼아, 우주 인프라 구축, 우주 자원 개발, 우주 서비스 제공 등을 통해 새로운 수익 창출 기회를 모색하는 것이다.

지구 관측 데이터의 지속적인 가용성으로 인해 우주는 일상생활에서 더 큰 역할을 할 수 있다. 우주공간의 파편 제거, 우주 컨설팅, 우주 제조 및 우주 기체 MRO를 포함해 다양한 새로운 우주 비즈니스 모델을 제시할 수 있다.

우주기술 분야에서 완전히 재사용할 수 있는 메가런처(Megalauncher)의 출현으로 지금까지 볼 수 없었던 한계를 극복하게 한다. 메가런처는 초대형 로켓 발사체를 의미하는 용어다. 기존 로켓보다 훨씬 큰 크기와 더 강력한 추진력으로 수십 톤 이상의 화물을 우주로 실어나를 수 있다. 대형 위성, 우주선, 우주 정거장 등 대형 페이로드를 우주로 올려보낼 수 있고, 달, 화성 등 심우주 탐사 미션을 지원할 수 있는 능력이다. 대량 수송이 가능해 단위당 수송 비용을 낮출 수 있고, 대형 페이로드 수송에 특화되어 있어 비용이 효율적이다.

주요 사례는 스페이스X의 스타십, NASA의 SLS(우주 발사 시스템) 등이 대표적인 메가런처 프로젝트다. 메가런처는 우주개발, 탐사, 상업화 등 다양한 영역에서 활용될 수 있는 핵심 기술로, 미래 우주산업의 발전을 이끌어 갈 것으로 기대되고 있다. 그동안 우주에 관여하지 않았던 많은 기업들에 새로운 경제 공간을 열어줄 것이다.

우주경제는 이렇게 움직인다

우주는 더 이상 특정 기업의 전유물이 아니다. 지금 새로운 기회를 추구하는 기업은 선점자 우위를 점할 수 있다. OECD는 우주경제(Space Economy)를 우주를 탐사, 연구, 이해, 관리 또는 활용하는 과정에서 인간에게 가치와 이익을 창출하는 모든 범위의 활동과 자원의 사용으로 정의하고 있다.

우주경제는 우주가 경제에 통합됨에 따라 성장하고 진화하고 있다. 오늘날 배치된 우주 인프라는 새로운 서비스를 개발하고 있다. 에너지, 통신, 운송, 해양, 항공과 같은 분야에서 새로운 애플리케이션을 가능하게 해서 경제적, 사회적 이익을 창출한다. 우주는 그 자체로 성장 분야일 뿐만 아니라, 다른 분야를 성장할 수 있게 하는 중요한 역할을 하고 있다. 이러한 역학 관계로 인해 일부 분석가들은 우주산업이 2040년까지 1조 달러 규모의 산업이 될 수 있다고 선언했다. 우주경제에 영향을 미치는 현재 주요 추세는 전 세계적으로 우주 활동에 대한 대중의 관심과 투자가 계속 증가하고 있다. 우주 벤처에 대한 전례 없는 수준의 민간 투자는 관련 벤처캐피털 시장의 성장으로 이어질 것이다.

여전히 성장하는 우주산업 수익은 최근 업계에서 주목받고 있는 소형 인공위성 기술인 미니샛(Mini Satellite)과 큐브샛(CubeSat)은 기존 대형 위성과 비교하면 제작 및 발사 비용이 저렴하고, 빠른 개발 주기를 가지고 있어 우주산업의 혁신을 이끌고 있다. 특히 큐브샛은 기술 실증과 우주 연구에 널리 활용되고 있다. 미니샛은 기존 대형 위성보다 작고 경량화된 인공위성, 무게는 1톤 미만, 일반적으로 100~500kg 수준으로 소형화된 위성 기술을 활용해 제작 및 운영 비용 절감이 가능하고, 다양한 목적으로 활용되며, 지구 관측, 통신, 과학 연구 등에 활용하는 것이다.

큐브샛은 미니샛의 한 종류로, 표준화된 크기와 무게 규격을 가진 초소형 위성이다. 가로, 세로, 높이가 모두 각각 10cm이고 무게는 1.3kg 이하라고 관례적으로 지칭하고 있다. 모듈화된 설계로 개발 비용과 기간을 단축할 수 있다. 대학, 기업, 정부 등 다양한 주체에 의해 개발되고 있고, 우주 탐사, 기술 실증, 교육 등의 목적으로 활용하게 된다.

다양한 활동을 포함해 전 세계적으로 상업 활동의 개발과 발사체 및 우주 비행과 같은 새로운 분야에서의 상업 활동 개발이 필요하다. 우주산업은 현재까지 상업적 개발을 통해 여전히 수익 창출이 가능한 모델이지만, 더 경쟁적이고 불확실한 시장에 직면해 있는 상황을 고려할 때 지속적으로 새로운 모델을 개발해야 한다. 전 세계적으로 새로운 우주

공간의 상업적 개발과 우주공간의 경제적 시스템으로 더 많은 가치 창
출과 더 많은 사회경제적 이익이 창출이 가능할 수 있도록 해야 한다.

　파리 항공우주 박람회(Paris Air and Space Show)에서 '스페이스 4.0 우
리의 미래 시작(Space 4.0 Our Future: Up and Start)'이라는 행사를 개최했
다. 이번 행사에서는 우주 주도의 혁신과 다양한 산업 생태계의 필수적
인 상호 작용으로 우주경제가 주도되는 지속적인 변화를 제공하는 기
회와 도전을 다루었다.
　하나의 우주 활동이 아니라 다양한 과학기술 분야로 확장되는 많은

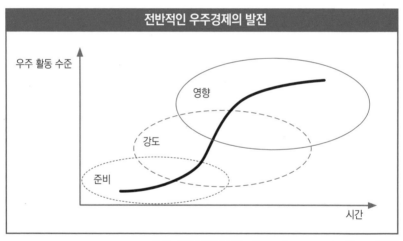

출처 : OECD(2011), The Space Economy at a Glance 2011

우주 활동이 있어야 한다. 전 세계적으로 우주 활동에 참여하는 정부와
민간은 지난 10년 동안 증가했으며 우주 응용 프로그램이 다양한 경제
부문까지 침투하기 시작했다.

우주경제는 우주 부문보다 훨씬 광범위하며 다양한 각도에서 정의할 수 있다. 위성, 발사체, 방송, 이미지, 데이터 전송 등의 서비스, 국방, 로봇, 우주 탐사, 우주 비행, 관측 등의 프로그램으로 구분된다. 우주경제는 전체 범위의 우주 활동과 파급 효과를 포괄해 사회 전반에 지식과 혜택을 제공한다. 우주를 통해 인간에게 가치와 혜택을 창출하고 제공하는 모든 활동과 자원의 활용이라고 할 수 있다.

우주경제란 우주를 탐색하고 이해하며 관리하는 활용 과정에서 인류에게 가치와 혜택을 창출하고 제공하는 모든 활동과 자원의 활용을 의미한다. 따라서 여기에는 연구개발, 우주 인프라(지상국, 발사체 및 위성)의 제조 및 사용에서부터 우주 활용 응용 프로그램에 이르기까지 우주 관련 제품 및 서비스의 개발, 제공 및 사용과 관련된 모든 정부와 민간이 포함된다. 항법 장비, 위성, 기상 서비스 등의 활동을 통해 생성된 과학적 지식을 모두 포함한다. 따라서 우주경제는 우주 분야 자체를 훨씬 넘어서는 것이다. 왜냐하면 우주에서 파생된 제품, 서비스, 지식이 경제와 사회에 미치는 영향은 점점 더 광범위하고 지속해서 변화하는 영향(양적, 질적 모두)도 포함하기 때문이다.

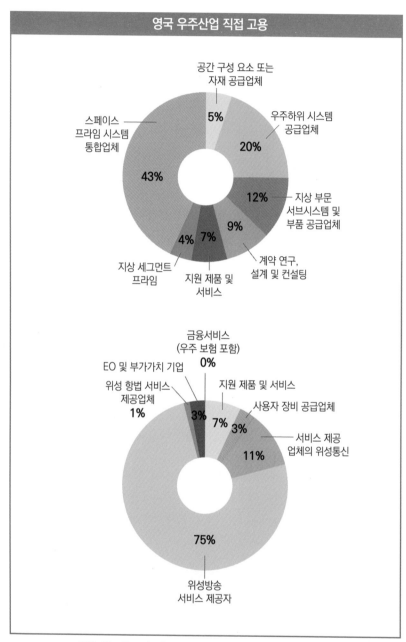

영국 우주산업 직접 고용

공간 구성 요소 또는
자재 공급업체
5%

우주하위 시스템
공급업체
20%

스페이스
프라임 시스템
통합업체
43%

지상 부문
서브시스템 및
부품 공급업체
12%

계약 연구,
설계 및 컨설팅
9%

지상 세그먼트
프라임
4%

지원 제품 및
서비스
7%

금융서비스
(우주 보험 포함)
0%

EO 및 부가가치 기업

위성 항법 서비스
제공업체
1%

지원 제품 및 서비스
7%

사용자 장비 공급업체
3%

서비스 제공
업체의 위성통신
11%

3%

위성방송
서비스 제공자
75%

출처 : The Case for Space : The Impact of Space Derived Services and Data
Commissioned by South East England Development Agency(SEEDA), 런던, 영국

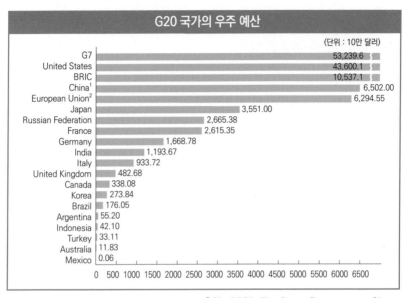

G20 국가의 우주 예산

(단위 : 10만 달러)

G7	53,239.6
United States	43,600.1
BRIC	10,537.1
China[1]	6,502.00
European Union[2]	6,294.55
Japan	3,551.00
Russian Federation	2,665.38
France	2,615.35
Germany	1,668.78
India	1,193.67
Italy	933.72
United Kingdom	482.68
Canada	338.08
Korea	273.84
Brazil	176.05
Argentina	55.20
Indonesia	42.10
Turkey	33.11
Australia	11.83
Mexico	0.06

0 500 1000 1500 2000 2500 3000 3500 4000 4500 5000 5500 6000 6500

출처 : OECD, The Space Economy at a Glance

우주는 변화하고 있다. 지구 주변의 광활한 공허함은 민간기업이 공공 부문에 합류해 우주에 공장을 설립함에 따라 상업화의 새로운 개척지가 되었다. 민간기업의 우주 사업 진출 확대는 스페이스X, 블루오리진, 버진 갤럭틱 등 민간 우주기업들이 활발히 우주개발에 참여하고, 위성 제조, 우주 관광, 우주 자원 채굴 등 다양한 사업 모델을 개발했다.

우주 상업화의 새로운 기회는 정부 주도의 우주개발에서 벗어나 민간기업들의 참여로 새로운 시장이 형성되었다. 우주 관광, 우주 제조, 우주 광물 채굴 등 다양한 상업적 기회 창출할 방법을 찾게 되었다. 민간기업들의 우주 발사체, 우주선, 우주 정거장 등 인프라 개발을 위한 투자도 확대되었다. 상업적 활용을 위한 우주 인프라의 지속적인 확충은 우주 인프라 구축을 가속화했다. 따라서 지구 주변의 광활한 우주공간은 민간기업의 참여로 새로운 상업화의 기회를 제공하며, 우주산업 전반의 발전을 촉진하고 있다.

더 나은 기술과 우주선을 궤도에 배치하는 데 드는 비용을 크게 낮추면서 우주 관련 기업에 대한 민간 부문의 자금 조달은 2021년에 100억 달러를 넘어섰으며, 일부 분석가들은 2040년까지 우주경제의 가치가 1조 달러를 넘어설 것으로 예측한다.

다양한 업종의 대기업이 우주 사업에 진출하는 추세이지만 지식과 경험이 부족하다. 중장기 비전을 유지하기 위해 기존 비즈니스와 시너지 효과를 창출해야 하는 이유다. 더 많은 투자, 개선된 인프라 및 디지털 기술은 우주 생태계 전반에 걸쳐 잠재력을 발휘할 수 있다.

우주의 경제학은 그 어느 때보다 매력적이다. 지난 몇 년 동안 위성 및 우주 기반의 제조, 발사 및 운영에 대한 문제가 많이 감소했다. 인공위성은 '소형화'되어 생산 및 운영 비용이 이전 어느 때보다도 저렴해졌다. 재사용할 수 있는 발사체 덕분에 발사 비용이 훨씬 저렴해졌다. 이러한 개발을 가속하는 디지털 및 첨단기술은 새로운 플레이어가 위성 사업자의 데이터에 액세스하고 새로운 비즈니스 애플리케이션을 탐색하는 데 도움이 되고 있다.

우주경제, 가까이에 있다

미국은 우주경제 선도국으로, 민간기업들의 활약이 두드러진다. 스페이스X, 블루오리진, 버진 갤럭틱 등이 저비용 재사용 로켓 개발, 우주 관광 준비 등을 통해 우주활동의 문턱을 낮추고 있다. 또한 위성 통신, 우주 자원 채굴 등 새로운 사업 모델도 등장하고 있다. 중국은 정부 주도 우주개발과 민간 참여를 확대하기 위해 정부 주도로 우주개발을 추진해왔지만, 최근 민간기업의 참여가 늘어나고 있다.

중국 최대 민간 우주기업인 링크스페이스는 저궤도 위성 발사 서비스를 제공하고 있으며, 우주 관광 등 새로운 분야에도 진출하고 있다.

유럽은 국제 협력을 통한 우주경제 육성으로 ESA(유럽우주기구)를 중심으로 국제 협력을 통해 우주경제 육성에 힘쓰고 있다. 위성 통신, 우주 관측 등 분야에서 선도적인 역할을 하고 있으며, 최근에는 우주 자원 등 새로운 사업 모델에도 주목하고 있다.

이처럼 세계 각국에서 우주경제 활성화를 위한 노력이 이뤄지고 있다. 앞으로 우주 활동의 비용 절감, 기술 혁신, 규제 정비 등을 통해 우주경제가 더욱 현실화할 것으로 전망된다.

우주경제 - 우주경제 클러스터 추진의 성공

우주경제 클러스터 추진은 미래 비즈니스 생계의 매우 중요한 프로젝트다.

① 새로운 산업 생태계 창출

우주개발과 우주 활동이 활성화되면서 새로운 산업 분야가 등장하게 되고, 위성 제조, 우주 관광, 우주 자원 개발 등 다양한 기회가 창출될 것이다.

② 기술 혁신 및 산업 경쟁력 제고

우주 분야의 첨단기술 개발이 가속화되면서 기술 혁신이 이루어질 것이고, 다른 산업 분야로의 기술 파급 효과를 통해 국가 경쟁력 향상에 기여할 수 있다.

③ 일자리 창출 및 경제 활성화

우주경제 클러스터 조성은 다양한 분야의 일자리 창출로 이어지고, 우주 관련 산업과 서비스 분야의 성장으로 지역 경제 활성화에도 기여할 수 있다.

④ 국가 위상 제고 및 국제 협력 강화

우주 분야의 기술 및 산업 역량은 국가 위상을 높이는 데 중요한 역할을 하게 되며, 우주경제 클러스터를 통해 국제 협력이 강화되고, 국제 경쟁력을 확보할 수 있다.

⑤ 미래 사회 변화에 대한 준비

우주개발과 우주 활용은 인류의 미래를 바꿀 중요한 기회가 되며, 우주경제 클러스터 조성은 우주 시대에 대비하고 새로운 가치를 창출할 수 있는 토대가 될 것이다.

이처럼 우주경제 클러스터 추진은 단순한 산업적 의미를 넘어 국가 발전과 미래 사회 변화에 중요한 의미가 있다.

현재 추진하고 있는 우주경제 클러스터에 희망과 함께 우려의 시각도 많다. 우주항공청이 문을 연 것은 매주 긍정적이고 앞으로의 기대가 큰 것이 사실이다. 하지만 정책, 제도 정비, 중장기 사업 계획, 예산 수립 등 정부의 컨트롤타워 역할이 많은 점은 우려스럽다.

우주경제 클러스터 구축을 위해 중점화해야 하는 것들을 정리해봤다.

우주경제 클러스터를 위해서는 우주 발사장, 위성 통신 시설 등의 기반 인프라가 필요하다. 이를 위해서는 정부의 대규모 투자와 장기적인 계획이 요구된다. 규제 및 제도 정비는 우주 활동에 대한 안전성, 환경 보호, 우주 자원 활용 등에 대한 법적 기준이 마련되어야 한다. 국제 협력과 조율이 필요한 부분도 많아 복잡한 과제다. 전문 인력 양성은 우주 공학, 우주 물류, 우주 자원 개발 등 다양한 분야의 전문 인력이 필요하다. 이를 위해 교육 기관과의 협력, 인재 유치 정책 등이 중요하다. 민간 참여 활성화는 정부 주도로는 한계가 있으므로, 민간기업의 참여를 적극적으로 유도해야 한다. 투자 인센티브, 규제 완화 등의 정책적 지원이 필요하다. 마지막으로 우주 활동은 국제적 협력이 필수적이므로, 다양한 국가 및 기관과의 협력 체계를 구축해야 한다. 기술 공유, 인력 교류, 공동 프로젝트 등을 통해 시너지 효과를 창출할 수 있다. 이처럼 우주경제 클러스터를 추진하기 위해서는 다양한 과제들을 해결해 나가야 한다. 정부와 민간, 국내외가 협력해 체계적으로 접근해야 한다.

우주경제를 위한 우주 시장의 생태계 주목

2022년 글로벌 우주경제 규모는 4,640억 달러이며, 2031년 7,680억 달러로 성장할 전망이다. 우주 시장은 우주산업과 방위산업 시장과 정부와 함께 우주경제의 생태계를 이루고 있다. 우주항공 시장에서 우주에 관한 관심과 활동은 좋은 활력이 되고 있다.

국내 기업들도 발사체 부품을 공급하는 등 국내뿐 아니라 해외에서 우주산업 성장 및 변화에 발맞춰 신규 우주산업에 지속적인 투자를 통해 미래 성장 동력을 확보해나가야 한다. 2009년에 우주경제는 2,616억 달러 규모에 달했지만, 2022년에는 규모가 거의 두 배가 되었다. 우주경제가 이렇게 꾸준한 성장 궤도를 계속한다면 약 2040년까지 1조 달러에 도달할 전망이다. 우주경제는 선형적인 발전 경로를 따르지 않고 있다.

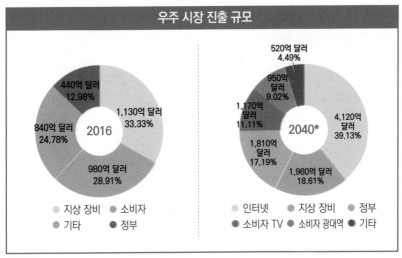

우주 시장 진출 규모

2016
440억 달러
12.98%
1,130억 달러
33.33%
840억 달러
24.78%
980억 달러
28.91%

● 지상 장비　● 소비자
● 기타　● 정부

2040*
520억 달러
4.49%
950억 달러
9.02%
1,170억 달러
11.11%
4,120억 달러
39.13%
1,810억 달러
17.19%
1,960억 달러
18.61%

● 인터넷　● 지상 장비　● 정부
● 소비자 TV　● 소비자 광대역　● 기타

출처 : 위성산업협회, 모건스탠리 리서치

우주는 점점 더 커지고
일상생활에서 역할이 증가할 것이다

2040년까지 우주기술은 비즈니스와 일상생활에 더욱 통합될 것이다. 오늘날 우리는 정기적으로 위성 내비게이션 서비스를 사용해 지리적 위치를 확인한다. 일상적인 맵핑(Mapping) 응용 프로그램에서 위성 이미지를 사용한다. 2040년까지 이러한 위성 이미지에는 모든 종류의 응용 프로그램에 대한 정보가 점점 더 많이 포함될 것이다.

또한 레이더 이미지, 열화상 및 하이퍼 스펙트럼(Hyperspectral : 광학 센싱 기술의 한 종류로, 기존의 RGB(Red, Green, Blue) 영상보다 훨씬 많은 파장 영역 정보제공)이미지 처리는 비즈니스 애플리케이션에 완벽히 통합될 것이다. 엔지니어와 건설 노동자는 냉각 시스템의 이상적인 위치를 찾기 위해 열화상을 사용하고, 질병이나 가뭄의 영향을 받는 지역을 파악할 수 있다. 지역 행정 면에서는 교통 흐름과 지역 열 분포 모터링이 가능하다. 미래의 디지털 인프라인 메타버스는 증강 현실 하드웨어를 사용해 물리적 환경과 사물에 데이터를 중첩할 수 있게 할 것이다. 우리는 현재 우주산업 측면에서 극단적인 가속화 시대에 살고 있다. 향후 20년 동안 2040년까지 큰 변화가 있을 것으로 전망한다. 미래 우주공간은 새로운 경제공간이 되고 있다.

새로운 우주경제의 5가지 핵심 주제

기후 변화, 보안 및 통신은 우주경제의 붐을 이끄는 핵심 주제 중 하나다. 관심이 높아진 배경에는 우주경제가 확장되는 프런티어(Frontier)를 탐색하기 위한 열풍이 가속화되고 있으며, 지속가능성 및 정부 관련 애플리케이션이 중요한 성장과 민간 투자를 주도하고 있다. 모건스탠리 리서치 스페이스 팀(Morgan Stanley Research Space Team)의 아담 조나스(Adam Jonas) 대표는 "이 분야에서 나눈 대화를 담기 위해 단 세 단어로 말하자면 지구의 미래부터 상업의 미래까지 '우주는 실존적이다'"라고 말했다.

예를 들어, 인공위성은 이제 산업과 인간 활동이 어떻게 기후 변화를 심화시키는지에 대해 더욱 명확한 관점을 제공하고 있다. 통신, 항법 및 국가 안보 문제는 우주에 대한 정부의 관심 증가로 이루어지고 있다. 우주개발 및 자본 시장에 대한 논의를 진전시키기 위해 모건스탠리

연구(Morgan Stanley Research)는 최근 제3회 연례 우주 서밋(Summit)에 기업, 정부 대표 및 벤처캐피털 참가자를 모았다. 투자자들을 위해 이번 회의에서 도출된 5가지 핵심 주제는 다음과 같다.

① 우주와 기후 변화의 관계 증가

공간과 지속가능성이 조화를 이루고 있다. 환경, 사회 및 지배구조(ESG) 요인에 초점을 맞추는 투자자가 증가함에 따라 위성 이미지는 기업 활동이 환경에 미치는 영향에 대한 주요 데이터를 제공할 수 있다. 위성 애플리케이션에는 기업 및 지역의 온실가스 배출 모니터링, 유틸리티가 재생 에너지 인프라 및 데이터를 최적화해 기후 변화가 특정 산업에 미칠 수 있는 영향을 예측하는 데 도움이 된다.

ESG는 비즈니스의 중요한 요소가 되고 있으며, 위성 이미지는 데이터 격차를 해소하는 데 도움이 된다. 상장 기업과 스타트업 모두의 기술 개발은 지속가능성과 수익을 추구하는 데 관심이 있는 투자자에게 기회와 새로운 정보를 제공하게 된다.

② 자본 형성 증가

코로나19에도 불구하고 우주 자본 형성과 인프라 개발은 다방면에 걸쳐 진행되었고, 역대 최대 규모의 민간 투자가 이루어졌다. 이에 대해서는 세 가지 시사점이 있다.

첫째, 투자자들은 '오래된 공간과 새로운 공간'에 대해 다시 생각하고 있다. 이제는 기존 플레이어의 혼란과 교체가 아니라 신규 진입자의 역량이 이를 어떻게 보완하는지에 더 중요하다. 우주항공 장비의 정교한 기존 기능과 수익 창출을 위한 새로운 기회가 될 수 있는 충분한 공간이 될 수 있다.

둘째, SPAC(특수목적인수회사)은 우주에서 장기적인 비즈니스 모델을 위한 자본을 유치하는 데 잠재적으로 적합한 메커니즘이 될 수 있다.

마지막으로 우주산업은 이제 민간기업의 참여를 보다 긍정적으로 보고 있다. NASA와 같은 정부기관이 화성 탐사와 같은 야심 찬 임무에 눈을 돌리면서 민간기업은 지구 저궤도 운송, 위성 발사 및 상업용 유인 우주 비행에 집중하고 있다.

정부기관은 또한 우주 및 우주 관련 시장의 상업적 잠재력을 개발하기 위해 투자 커뮤니티의 더 많은 참여를 환영하고 있다. 우주항공방산 기업과 새로운 기업들이 통합 솔루션을 제공함에 따라 더 많은 전략적 파트너십이 기대된다.

③ 궤도 파편 완화

미국 국립해양대기청(National Oceanic and Atmospheric Administration)에 따르면 궤도에 있는 활성 위성의 수는 향후 몇 년 동안 50% 이상 크게 증가할 것으로 예상된다. 우주가 점점 더 혼잡해짐에 따라 오래된 우주선과 인공위성의 궤도 파편인 '우주 쓰레기'에서 새로운 인공위성과 로켓 발사에 대한 위협이 커지고 있다.

일부 정부기관은 현재 이 궤도 파편을 추적하는 데 어려움을 겪고 있으며, 이에 따라 민간기업의 비즈니스 기회가 되고 있다. 우주 폐기물을 모니터링하고 관리해야 하는 수요는 더욱 발생할 것이다.

④ 공간 및 보안

우주는 국가 간에 점점 더 경쟁이 치열해지는 영역이 되었으며, 민간이나 정부 주체의 '우주 영역 인식'의 필요성을 강조하고 있다. 이는 궤도에 있는 물체를 식별, 특성화 및 이해하는 것을 의미한다. 따라서 우주가 당파적 논쟁거리가 될 수 없다. 예를 들어, 위성 제공업체는 국가 안보와 디지털 격차 해소 등 모든 사람에게 중요한 문제를 해결하기 위해 정치적 경계를 초월한 서비스를 제공한다. 인공위성, 우주 탐사선 등 국가 주요 우주 자산에 대한 안전성과 보안은 우주 경쟁에서 중요한 요소다. 우주 자산에 대한 사이버 공격이나 물리적 손상을 방지하는 것이 필수적이다. 우주공간의 정찰, 감시, 통신 등 군사적 활용이 중요해짐에 따라 우주 보안 기술 확보가 관건이 되었다. 우주 자산의 보호와 무기화에 대한 대응 능력이 전략적 우위 확보에 영향을 준다. 우주 보안 기술 개발은 우주기술 발전의 핵심 요소로 우주 환경 모니터링, 우주 자산 보호 등을 위한 첨단기술 확보가 중요하다. 우주공간의 안전성과 보안에 대한 국제법, 조약 등 규범 마련이 필수적이며 이를 주도하는 국가가 우주 경쟁에서 유리한 고지를 점할 수 있다. 우주 보안 문제에 대한 국가 간 협력이 필요하고, 이를 통해 상호 신뢰와 협력을 구축할 수 있다. 결국 우주공간의 안전성과 보안은 국가 간 우주 경쟁에서 전략적 우위를 확보하는 데 핵심적인 요소라고 할 수 있다. 기술 개발, 국제 협력, 법제도 정비 등 다각도의 노력이 필요하다.

⑤ 단기적으로 집중해야 할 통신

위성 운영자는 GEO(지구정지궤도), MEO(중간궤도) 및 LEO(저궤도)의 3가지 궤도 고도 모두에서 가치를 보고 있다. 기업은 서로 다른 접근 방식을 취한다. GEO는 여전히 업계를 뒷받침하고 있지만, 통신 회사는 소비자, 기업이나 정부 고객을 위해 통합되고 원활한 서비스를 통해 차별화된 광대역 서비스를 제공하기를 원한다.

---

① GEO(지구정지궤도, Geostationary Earth Orbit)
- 지구 적도상에서 지구 중심을 기준으로 약 35,786km 떨어진 궤도
- 지구와 함께 공전해 지구 표면에 정지된 것처럼 보임, 통신위성, 기상위성 등이 이 궤도 이용
- 지구 전체를 커버할 수 있어 광역 통신 및 관측에 유리, 위성 발사와 유지에 많은 에너지가 필요

② MEO(중간궤도, Medium Earth Orbit)
- 지구 중심에서 약 5,000~20,000km 사이의 궤도, GEO보다 높고 LEO보다 낮은 중간 높이의 궤도
- 항법위성(GPS, 갈릴레오 등)이 주로 이 궤도를 사용, 위성 수가 많아야 전 지구적 서비스가 가능
- 위성 발사와 유지에 GEO보다는 적은 에너지 필요, 지구 관측, 통신 등 다양한 용도로 활용 가능

③ LEO(저궤도, Low Earth Orbit)
- 지구 표면에서 약 160~2,000km 사이의 낮은 궤도, 위성 발사와 유지에 가장 적은 에너지 필요
- 지구 관측, 통신, 우주 실험 등에 활용, 궤도 수명이 짧아 주기적인 위성 교체 필요
- 대기권 영향으로 궤도 유지에 어려움이 있음.

통신사들은 또한 미국 연방통신위원회(FCC) 및 UN의 국제전기통신연합(International Telecommunication Union)의 규제 기관과 협력해 우주를 공유하는 글로벌 자원으로 취급해야 하며, 스펙트럼 권리와 궤도 파편의 2

가지 핵심 문제다. LEO 내에서 통신 업계는 최적의 위성군 설계와 최고의 최종 시장에 대한 논의를 계속하고 있다. 또한 우주항공을 위한 통신 및 항법과 같은 다양한 시장에 대해 다양한 접근 방식으로 기회를 찾고 있다. 일부 통신사는 직접적이고 통합된 접근 방식을 선호하는 반면, 다른 통신사는 서비스 파트너십의 가치를 인정하는 방식으로 하고 있다.

우주 탐사로 가능해진 10가지 일상의 것들

NASA는 달, 화성 및 심우주 탐사를 통해 최후의 개척지 탐사를 추진하기 위해 수십 년 동안 수십 개의 새로운 기술을 발명했다. 이를 통해 카메라폰, 노트북, 메모리폼, CAT 스캔(Computed Axial Tomography Scan : X선을 이용한 의료 영상 검사 기술), 심지어 유아용 분유와 같은 일상생활을 변화시킨 제품을 개발할 수 있었다.

① 카메라 폰

1990년에 NASA의 제트 추진 연구소(Jet Propulsion Laboratory)의 팀은 우주선에 장착할 수 있는 만큼 작은 카메라를 만들기 위해 노력했다. 오늘날 모든 카메라 대부분에 이 기술이 포함되어 있다.

② 운동화

NASA 엔지니어가 우주 프로그램에서 개발한 슈트 제작 기술을 바탕으로 충격을 흡수하는 소재로 채워진 속이 빈 신발 밑창에 대한 아이디어를 처음 제시했다.

③ 집 단열재

우주는 극한 온도가 존재하는 곳으로 NASA는 우주선 내부의 쾌적한 온도를 유지하기 위해서 알루미늄 폴리머로 단열재를 개발했다. 오늘날, 이 소재는 가정에서 난방 및 냉방 비용을 줄이기 위해 사용된다.

④ 유아용 조제분유

대부분의 유아용 조제분유에 함유된 영양 농축 성분은 NASA가 후원하는 연구로 거슬러 올라갈 수 있는데, 이 연구는 우주에서 장시간 임무를 수행하는 우주비행사에게 음식을 효율적으로 제공하기 위해 연구되었다.

⑤ 의족

NASA의 충격 흡수 소재 혁신과 로봇공학 및 우주 활동은 기능적으로 더 역동적인 인공 수족을 개발하기 위해 채택되고 있다.

⑥ 무선 헤드셋

오늘날의 유비쿼터스는 무선 헤드폰은 우주비행사가 손을 자유롭게 유지하면서 연결 상태를 유지할 수 있도록 한다. 통신 기술에 대한 NASA의 투자 없이는 불가능했을 것이다.

⑦ 메모리폼

메모리폼 매트리스는 물론 더 편안한 놀이공원 놀이기구, 심지어 미식축구 헬멧까지 1960년 후반 NASA에서 테스트 파일러에게 편안함과 충격 흡수를 제공하기 위해 개발한 덕분에 가능하다.

⑧ & ⑨ 렙톤 & 컴퓨터 마우스

클램쉘 디자인의 첫 번째 휴대용 컴퓨터는 NASA가 우주 왕복선 프로그램을 위해 만들었다. 후속 모델의 설계 발전에는 수정된 하드웨어와 새로운 소프트웨어가 필요했으며, 이는 개인용 노트북의 상용 시장을 추진했다. 1960년대에 미국 우주국의 한 연구원은 컴퓨터 화면에 데이터를 가장 잘 조작할 수 있는 방법에 대한 아이디어를 바탕으로 컴퓨터를 보다 사용자의 입력이나 행동에 즉각적으로 반응하는 상호작용이 가능한 상태로 만들려고 노력했고, 이는 컴퓨터 마우스에 탄생으로 이어졌다.

⑩ CAT 스캔

아폴로 미션 당시 NASA가 컴퓨터로 강화한 달 사진을 위해 개척한 디지털 신호 처리 기술은 CAT 스캔과 같은 고급 신체 이미징 기술의 선구자가 되었다.

우주항공방산을 위한
여정의 시작

필자가 처음 우주산업이 미래 신산업으로 가능성을 주장했을 때가 2017년이다. 아무도 우주산업에 관심이 없던 그때 필자는 주어진 상황 속에서 우주산업 시작의 여정을 시작했다. 대기업에서 우주사업부를 만들자고 기획안을 올리고, 우주항공 전문 투자 기업을 초청해서 우리의 가능성을 방산에서부터 시작할 수 있다고 설명했다. 우주항공 전문 액셀러레이터 창업주 방한을 추진해서 한화·LIG와 협력을 모색한 것이 2018년 5월이다. 항공·우주 전문 스타트업 액셀러레이터 스타버스트의 반다드 에스파다비(Vandad Espahbodi)를 초청해 한국의 방산업체를 만나고 방산과 우주항공 비즈니스 모델의 방법을 논의했다. 이때 스타트업 액셀러레이터 리드스를 창업해 해외에 스타트업 중 우주항공방산의 시장에서 그들의 기술과 비즈니스 기회를 만들어가는 일을 시작했다. 스타트업 액셀러레이터는 스타트업에 멘토링과 초기 자금 등을 제공하며 성장을 돕는 회사다.

방한 중 에스파다비 창업주는 한국항공우주연구원과 LIG넥스원, 한화그룹 관계자들과 만나 스타트업 육성 프로그램을 설명하고 투자하고 있는 방법을 소개했다. 에스파다비 창업주는 각 회사의 연구 또는 미래 사업 관련 실무자와 회의했으며 국내 유망 스타트업과도 만났다.

　스타버스트는 잠재력 있는 항공·우주 관련 스타트업을 스카우트하고 성장시켜 이들을 관련 대기업과 연결해주는 액셀러레이터 플랫폼 역할을 한다. 보수적인 항공·우주 회사들과 신기술을 보유한 스타트업을 연결해주는 것이 사업 모델이다. 스타트업에 대한 컨설팅과 글로벌 우주항공 벤처 펀드도 조성하고 있다.

　2012년 설립된 스타버스트는 파리, 로스앤젤레스, 뮌헨, 싱가포르, 몬트리올, 텔아비브에 진출해 있다. 2015년부터 지난해까지 유럽, 북미, 아시아 지역 187개 스타트업을 지원했고 이 중 47%인 87개 스타트업이 시리즈 A 투자(최초 투자인 '시드' 이후 첫 후속 투자) 유치에 성공했다. 전체 투자 유치 액수 규모는 5억 4,050만 달러이며, 스타트업당 평균 투자 유치 액수는 620만 달러다.

　스타버스트 스타트업 액셀러레이터 주요 파트너사로는 GE, 롤스로이스, 탈레스, 루프트한자 테크닉, 파나소닉, 사프란, 유나이티드에어, 보잉 등이 있다. 컨설팅해주는 주요 고객으로는 에어버스, 탈레스, 사프란, 에어프랑스 KLM, 파나소닉 등이 있다.

　필자는 한국 방문을 추진하면서 우주항공방산이 보수적으로 진입장벽이 높아 스타트업이 기회를 찾기에 상대적으로 쉽지 않은 환경이지만, 우주산업을 주도하고 기회를 만들기 위해서는 스타트업 기업을 발굴하고 육성해주는 시스템이 더욱 활성화되고 국내 우주항공방산 기업도 신기술 도입에 더욱 적극적으로 나섰으면 하는 바람을 가졌다.

뉴스페이스의 변화는
생태계를 어떻게 바꾸는가

세계 우주산업은 급속하게 성장을 이루고 있다. 정부 주도의 우주 프로그램은 전체 우주경제 중에서도 상당한 부분을 차지하고 있다. 2020년 세계 우주경제는 총 3,700억 달러에 이른다. 앞으로 예상 증가율을 고려하면 2030년에는 약 6,420억 달러에 달할 것으로 전망된다. 우주시장은 주로 위성 운영 및 서비스로 주도되고 있으며, 전체 우주경제의 90%를 차지한다.

향후 10년을 예측하기 위해 신뢰할 수 있는 연간 우주 시장에 세계지정학적 및 세계 경제 환경의 지속적인 도전과 함께 상업 부문의 여러측면에서 지속적인 성장에 기여하는 최고치를 기록했다. 빠르게 성장하는 상업용 우주 부문은 2022년 한 해 동안 상당한 성장과 생산성을누렸지만, 인플레이션, 고금리, 공급망에 대한 전년도 팬데믹 봉쇄의 여파로 인한 지정학적 긴장 고조와 운영 문제에서 벗어나지 못했다.

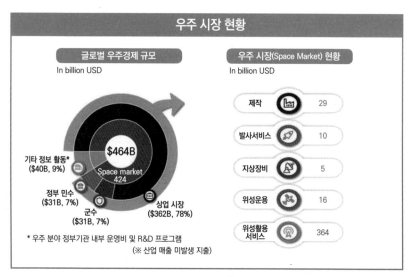

출처 : Future of Space Economy research

　선도적인 글로벌 우주 컨설팅 및 시장 정보 회사는 글로벌 우주 시장이 한 해에 8% 성장했고, 10년 이내에 7,370억 달러 이상에 이를 것으로 추정한다. 새로 발간된 우주경제 보고서(Space Economy Report)는 업계를 구성하는 다양한 요소가 수행하는 역할을 자세히 설명하며, 해당 부문의 금융 환경을 구성하는 업종, 애플리케이션 및 고객 유형별로 분석을 제공한다.

　우주 기반 최종 사용자 애플리케이션에서 찾을 수 있으며, 이는 통신, 지구 관측 및 위성 항법을 활용해 고객에게 서비스를 제공하는 회사를 포함해 향후 몇 년 동안 쇠퇴할 기미가 보이지 않는 우주경제 영역이다.
　우주 자산을 만들거나 소유하는 조직을 주요 초점으로 분류해 가치 사슬[밸류체인(Value Chain) : 제품생산을 위해 제조공정을 세분화해 사슬(체인)처럼 엮어 가치(밸류)를 창조한다는 의미] 전반에 걸친 활동이

2031년까지 2배 이상으로 성장할 것으로 추정된다. 제조, 발사 서비스 및 지상 부문과 같은 부문이 이러한 성장을 주도할 것으로 보인다.

전 세계 금융 시장에 영향을 미친 혼란의 가장 큰 영향 중 하나는 우주 생태계에 대한 투자에 대한 위험 회피 접근 방식이다. 투자 활동이 2021년과 비교했을 때 10% 이상 감소했다는 조사 결과가 나오고 있다. 업계 투자자들은 이제 지난 몇 년 동안 정기적으로 발생했던 매출 창출 전 기업에 대한 고위험 투자보다는 낮은 수준의 자본이 있어야 하는 현금 창출 기업이나 초기 스타트업에 집중하고 있다. 신규 투자가 둔화되고 경쟁이 매우 치열하고 민첩한 시장으로 남아 있는 시장에서 결과 지향적인 접근 방식으로 전환되어 2021년과 2022년 사이에 평균 투자 가치가 급격히 떨어졌다.

우주 가치사슬 전반에 걸쳐 수많은 고부가가치 인수 합병 발생과 그 어느 때보다 더 많은 국가가 이 분야에 참여함에 따라 우주기술에 대한 정부 예산 증가를 포함해 특정 시장 동향에서 발생하는 보다 긍정적인 재정적 영향이 중요하다. 공공 부문은 또한 민간기업을 활성화했으며, 계획된 위성 별자리는 특히 미국과 아시아에서 일시적인 병목 현상에도 불구하고 제조 및 기타 공급망 활동의 확장에 긍정적인 영향을 미쳤다.

코로나19 팬데믹과 우크라이나 전쟁을 포함한 최근 글로벌 사건의 여파가 계속 전개되고 있으며, 치열한 경쟁과 시장 불확실성의 맥락에서 더욱 유용한 솔루션으로 전환을 가속화하고 있다. M&A 활동은 시장이 향후 몇 년 동안 계속될 것으로 예상되는 통합의 지배적인 징후를 보여주면서 계속 번창하고 있다.

PART **02**

우주항공방산의 통합 개념, 현재와 미래를 잡는 전략

방위산업과 우주산업을
연계할 새로운 기회

우주항공방산(Space Aeronautics and Defense)은 우주, 항공, 방위(국방) 산업을 포함하는 종합적인 산업 분야다. 이 분야는 군사와 민간 분야 모두에서 중요한 역할을 하며, 다음과 같은 영역을 포함한다.

우주, 항공, 방위산업의 주요 산업적 특징으로 구분하면 다음과 같이 간략히 정리해볼 수 있다.

우주산업(Space Industry)은 위성 개발, 우주선 발사, 우주 탐사 등의 활동을 포함한다. 예를 들어, 통신위성, GPS 위성, 과학 탐사 위성 등을 개발하고 발사한다.

항공산업(Aviation Industry)은 항공기 설계, 제작, 유지보수 등을 포함 한다. 민간 항공기(상업용 항공기)와 군용 항공기 모두 이 범주에 속한다.

방위산업(Defense Industry)은 군사용 무기, 장비, 기술을 개발하고 생산한다. 미사일, 전투기, 레이더 시스템, 방어 시스템 등이 포함된다. 고도로 기술적이고 전문적인 분야이며, 국가 안보와 경제에 중요한 영향을 미치는 공통된 특징이 있다.

　글로벌 SA&D(Space Aeronautics and Defense), 즉 우주항공방위산업은 지난 10년 동안 빠르게 변화했다. 약 4%의 성장이 예상될 정도로 성장하고 있으며 큰 변화를 겪고 있다. 고객, 제조 기술, 연료 효율성 및 자동화, 항공 시장의 새로운 패러다임과 같은 주요 트렌드에 적응해야 했다. 특히, 4차 산업혁명(4IR), 서비스(제품 서비스 창출), 무인 항공기와 같은 신기술과 같은 거시적 수준의 트렌드를 경험하고 혜택을 누리고 있다. 비즈니스 모델은 사물 인터넷(IoT), 인공지능(AI)과 같은 신기술, 신소재 및 경량화 방법, 도시 이동성 등을 포함한 커넥티드 디지털 기술을 활용하도록 진화해야 한다. 이는 전체 공급망뿐만 아니라 전체 수명 주기에 대해 점점 더 많이 설계해야 하는 제조업체에도 영향을 미칠 것이다.

새로운 가치사슬

　우주항공 산업은 특히 '사람 집약적'이다. 많은 작업이 수동 또는 반수동으로 수행되므로 사람이 수행하는 높은 인건비가 발생한다. 따라서 업체들은 특히 로봇공학과 AI를 통해 생산 설비를 자동화하는 방안을 모색하고 있다. 우주항공방산 분야의 주요 비용은 '품질'이고 이는 안전 또는 성능 요구사항을 충족하지 않는 생산 구성요소 비용이다. 컴퓨팅 성능은 실시간 데이터가 공급되는 가장 복잡한 시스템의 '디지털 트윈'이라고 하는 디지털 미러 복제를 생성할 수 있도록 함으로써 해답

을 제공하고 있다. 이를 통해 현재 환경 조건을 기반으로 모니터링 및
예측 분석이 가능할 뿐만 아니라 재료나 제품을 가상으로 테스트하고
반복할 수 있다.

트렌드와 기회를 이끄는 요인

우주항공방산 분야의 경제 개발 동향과 기회에 영향을 미치고 주도
하는 수많은 요인이 있다. 무인 항공기 시스템(UAS)의 테스트 사이트는
상당한 성장과 투자를 보인다. 미국 연방 항공국(FAA)은 미국 전역에
7개의 UAS 시험장을 두고 있다. 이 시험장들은 신흥 산업 활동을 주도
하고 있다. 미국 연방 항공국(FAA) 테스트 사이트 위치 외에도 우주항
공 및 UAS와 관련된 혁신이 다른 지역에서도 나타나고 있다.

엠파이어 스테이트 디벨롭먼트(Empire State Development)가 후원하는
시러큐스의 스타트업 액셀러레이터로, 무인 항공 시스템, 자동화 및 인
공지능(AI)에 중점을 둔 시드 단계 스타트업에 매년 300만 달러를 투자
했다.

디트로이트(City of Detroit)의 첨단항공혁신지역(Advanced Aerial
Innovation Region)은 최근 무인항공기 시스템(UAS : Unmanned Aircraft
Systems) 및 드론 허브 개발에 뛰어들었다. 포드 계열사인 미시간 센트
럴(Michigan Central)과 미시간 교통부(Michigan Department of Transportation)
간의 파트너십인 이 프로젝트는 미국 최초의 교차 부문 첨단 항공 도시

구상이다. 드론 회사 스타트업을 유치하고, 고숙련 직업 훈련을 제공해 드론 기술 상용화와 관련된 정부 정책을 발전시키고 있다.

메릴랜드주 세인트 메리 카운티 공항에 있는 에어로파크 이노베이션 디스트릭트(aero park Innovation District)도 우주항공 및 방위 활동의 허브를 만들기 위해 최근 진입한 곳이다. 여기에는 메릴랜드 대학교 무인항공기 시스템(UAS : Unmanned Aircraft Systems) 테스트 사이트가 있다. 비즈니스 액셀러레이터을 포함한 항공 회사(와일드우드 프로페셔널 앤 테크놀로지 파크 : Wilde wood Professional and Technology Park)와 같은 기업들을 주목할 만하다.

오클라호마는 최근 미국 상무부 경제개발청(Economic Development Administration)으로부터 연방 자금을 지원받는 31개 기술 허브 중 하나로 지정되었다. 무인 항공 시스템, 드론, 사이버 보안 및 생성형 인공지능에 중점을 둘 것이며, 우주항공방산 분야에서 성공을 위한 지역 협력의 중요성을 보여주는 훌륭한 사례다. 툴사 이노베이션 랩스(Tulsa Innovation Labs)가 주도하는 이 파트너십에는 툴사 지역 상공회의소, 오클라호마 대학교, 오클라호마 주립대학교, 툴사 커뮤니티 칼리지, 오클라호마 항공 위원회(Oklahoma Aeronautics Commission) 등이 포함된다. 이처럼 지역과 대학, 정부기관의 가치사슬이 중요하다. 이러한 가치사슬의 형성은 투자로 이루어져서 산업과 기술의 발전을 가능하게 한다.

로스앤젤레스 지역은 오랫동안 우주항공 활동이 밀집된 지역이었으며, 최신 기술 및 상용화를 위한 허브로써 상당한 투자가 이루어지고 있다. 이 위원회의 목적은 세계적으로 가장 경쟁력 있는 우주항공 및 방산 클러스터를 구축하고 유지하는 것이다. 이러한 노력은 렐러티비티 스페이스, 스페이스X, 로켓랩(Relativity Space, SpaceX, Rocket Lab) 등을 포함한 여러 최고 기업의 참여를 통해 성장을 이루고 성공을 거두고 있다.

거의 모든 경우에 우주항공방산 분야의 혁신 발전은 정보 및 디지털 기술의 발전으로 주도되거나 병행되고 있다.

예를 들면 설계, 엔지니어링, 생산 및 기타 진행 중인 프로세스 전반에 걸쳐 모델링 기반 시스템을 지원하는 데이터 및 분석의 사용 증가, 센서, 모니터링, 디지털 트윈 및 블록체인은 생산 및 공급망 모니터링, 효율성 및 안전을 지원한다. 장비 고장을 예측할 수 있는 기능을 제공하는 인공지능(AI)은 지원 예측 유지 관리를 한다.

가상 및 증강 현실은 교육과 유지보수 및 수리를 지원한다. 우주항공 및 방위 분야에서 데이터 및 정보 기술의 사용이 증가함에 따라, 사이버 보안 강화에 대한 필요성과 요구도 동시에 증가하고 있다.

우주항공방산에 고용주는 생산, 엔지니어링 및 관련 분야에서 고급 전통적인 제조 기술을 갖춘 인력이 있어야 한다. 하지만 IT, 디지털 기술을 갖춘 근로자를 점점 더 찾고 있다. 더욱이 기술의 급격한 변화로 인해 근로자에게 지속적이고 적응력 있는 학습을 제공하기 위한 산업, 기업, 교육 및 인력 시스템의 강력한 노력 없이는 산업현장에 필요하고 적용할 수 있는 요구 기술 모두를 배우고 숙련하는 것을 기대하기 어렵다.

우주항공방산의 기업 형태와 비즈니스들은 이제는 공존과 협력의 관계이기도 하다. 그리고 우주항공방산의 각각의 산업영역의 치열한 경쟁의 구도가 형성되고 있다고 볼 수 있다. 필자가 강조하는 것은 우주, 항공, 방산은 별도의 카테고리에 있는 비즈니스 영역이 아니라는 것이다. 단기, 중장기 비즈니스 로드맵에 우주항공방산 각각의 분야를 적절한 비즈니스 전략을 수립할 때 생존할 수 있는 기업이 될 수 있다. 이것이 우주경제가 기업에 주는 과제다.

최근 사례로는 최대 방산기업인 록히드 마틴(NYS : LMT)이 그동안 항공, 방산 기술을 바탕으로 미국 항공우주국(NASA)의 위성 프로젝트를 수주한 것을 들 수 있다. NASA는 해양대기청(NOAA)이 사용할 차세대 기상 위성을 구축하기 위한 제작사로 군수업체인 록히드 마틴을 선정했다. 록히드 마틴은 지구 정지궤도 확장 관측(GeoXO) 기본 계약이 세 대의 우주선을 포함하고 추가로 4대의 우주선에 대한 옵션도 있다고 밝혔다. 옵션을 포함한 전체 계약의 예상 규모는 22억 7,000만 달러에 이른다.

록히드 마틴은 지구 정지궤도 확장 관측(GeoXO)의 새로운 기능이 더 정확한 일기 예보를 제공하고, 새롭게 대두되는 환경 문제를 해결할 것이라고 강조했다. GeoXO 위성 시스템은 NOAA의 현재 지구 정지궤도 환경 위성 시스템을 대체하기 위해 계획된 차세대 기상 위성이다.

(1) 우주산업 특징

우주산업은 우주공간(지구 궤도 또는 그 너머)으로 가는 부품을 제조해 해당 지역에 납품하는 것과 관련된 경제활동 및 관련 서비스를 말한다. 좁은 정의는 하드웨어 제공업체(주로 발사체 및 위성)만 포함한다. 그러나 이 정의는 우주 관광과 같은 특정 활동을 배제한 것이다. 따라서 더 넓게는 우주산업은 우주경제에 관여하고 우주와 관련된 상품과 서비스를 제공하는 것으로 봐야 한다. 우주경제는 우주 지원 제품 및 서비스를 개발하고 제공하는 데 관여하는 모든 공공 및 민간기업으로 정의할 수 있다. 이는 우주 하드웨어의 연구개발 주체 및 제조업체에서 시작해 최종 사용자에게 우주 지원 제품 및 서비스 제공업체로 끝나는 부가가치 사슬로 구성된다.

우주산업은 2차 세계 대전 이후 로켓과 인공위성이 군사 무기고에 들어가면서 발전하기 시작했으며, 나중에 민간용으로 사용되었다. 정부와 상당한 관계를 유지하고 있다. 특히 발사 산업은 정부가 크게 관여하고 있다. 그러나 최근 몇 년 동안 일부 발사 플랫폼(우주 왕복선)은 정부에서 운영하지만, 민간 우주 비행이 현실화하고 있다. NASA와 같은 주요 정부기관조차도 민간 운영 발사 서비스에 의존하기 시작했다. 점점 더 고려되고 있는 우주산업의 미래 발전에는 우주 관광과 같은 새로운 서비스가 관심을 받고 있다.

우주 발사체 누리호 발사에 2회 연속 성공한 한국은 자체 기술로 개발한 로켓을 발사할 수 있는 능력을 갖춘 세계 일곱 번째 국가로 등극했다. 2023년 과학기술정보통신부(MSIT)는 우주 프로그램 예산의 세부 사항을 발표했다. 한국은 전년보다 19.5% 증가한 8,742억 원(약 6억 7,400만 달러)을 지출할 계획이라며, 이는 지금까지 우주 프로그램에 배정된 예산 중 가장 큰 규모라는 내용이었다. 예산의 약 70%를 차지하는 약 5,862억 원(약 4억 5,000만 달러)을 국내 우주산업 발전에 투입하는 한편, 전체 예산의 17%인 약 1,480억 원(약 1억 1,400만 달러)을 우주 운반 로켓 개발에 투입한다고 했다.

국내 우주 프로그램 개발의 중점 분야는 주로 초소형 위성, 정지궤도 위성, 차세대 중형 위성, 한국 측위시스템(KPS) 등의 프로그램을 포함하는 민간 위성 프로그램 개발 확대에 중점을 두고 있다. 정부는 민간 위성 보급 확대가 향후 우주산업이 성장할 수 있는 기반이 될 것으로 보고 있다. 이는 정부가 해양, 환경, 기상, 농업 등 다양한 분야에 적용할 수 있는 위성정보 서비스의 품질 향상을 목표로 하고 있다.

이에 따라 한국은 2026년까지 민간 위성의 통합 관제 및 운용 강화를 위해 487억 원(약 3,750만 달러)을, 위성 부품의 국산화를 목표로 120억 원(약 920만 달러)을 투자할 예정이다.

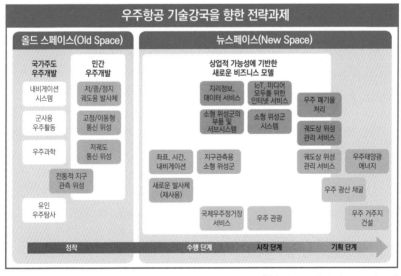

출처 : Space Tech Partners(2016)

우주 운반선 영역의 핵심 중점 분야는 '누리(KSLV-Ⅱ)'로 알려진 우주 발사체와 차세대 발사체(KSLV-Ⅲ)를 개발하는 것이다. 차세대 발사체는

2030년 시험 발사를 목표로 개발 중이다. 한국은 각각 2030년과 2031년 첫 시험 발사를 마친 뒤 2032년까지 자체 개발한 달 착륙선을 로켓에 싣고 발사할 계획이다. 2023년부터 KSLV-III 개발 프로그램에 총 2조 원(약 18억 달러)이 투자될 예정이다. 이 프로그램은 한국항공우주연구원(KARI)과 민간 부문에서 선정된 한화에어로스페이스가 개발한다.

우주 방어 능력을 강화하기 위해 2023년에 954억 원(약 7,310만 달러)을 지출할 예정이다. 2030년까지 진행될 정부 프로그램에 따라 정찰 위성과 초소형 위성군을 개발하는 데 1조 4,000억 원(약 10억 4,560만 달러)을 투자할 계획이다. 방위산업과 마찬가지로 미국은 우주산업의 주요 제품 및 서비스의 주요 외국 공급국으로서 한국 수입의 중요한 부분을 차지하고 있다. 우주 시장은 특히 위성 발사 서비스, 첨단 센서나 탑재체 시스템용 광학 장치에서 시장 기회를 제공한다.

우주산업의 급속한 성장

지난 몇 년은 우주산업에 엄청난 시기였다. 발사체의 민영화부터 새로운 심우주 망원경에 이르기까지 발전했다. 우주산업은 향후 5년 동안 41% 성장할 것으로 예상되며, 최근 영국의 스타트업 투자와 NASA의 아르테미스 프로그램으로 인해 많은 이야기가 있다.

영국 우주국(UK Space Agency Fusion) 프로그램은 초기 단계의 우주산업 스타트업을 가속화해 초기 단계 개인 투자가, 즉 엔젤(Angel) 및 단계에 적합한 자금을 조달한다. 퓨전(Fusion)은 영국에서 가장 유망한 기업가들이 이용할 수 있는 집중적이고 가치가 높은 프로그램을 제공함으로써 우주 기업들이 투자받을 준비를 하고 초기 단계 투자자와 연결할 수 있도록 지원한다. 퓨전 프로그램을 통해 영국 우주국, 기업가 스파크(Entrepreneurial Spark) 및 엑소 토픽(Exotopic)은 영국에서 가장 유망한 우주기업가 20명을 선발해 업계의 성장을 최대한 견인할 것이다. 투자 완료 프로그램은 투자 라인 전반에 걸쳐 벤처를 추진할 것이라 기대된다. 단 6개월 만에 우주기업가는 거래를 시작하려는 초기 단계 투자자와 연결하기 전에 투자 준비를 하는 데 필요한 기술 지원을 받게된다.

지속적인 성장과 가능성에도 불구하고 우주 부문은 자금 조달 문제가 없는 것은 아니다. 다른 상업 부문과 비교하면 상대적으로 새로워서 규모가 작다. 우주산업은 상대적으로 초기 단계이기 때문에 우주기업은 시장 규모가 작고 시장 진출 경로가 더 길다. 이러한 복합적인 요인들로 인해 많은 우주기업가들은 시드 투자를 확보하는 데 어려움을 겪고 있다.

(2) 항공산업 특징

'항공'이라는 용어는 항공기를 사용해 수행되는 기계적 항공 운송을 설명하는 데 가장 일반적으로 사용된다. 2가지 주요 항공기 유형은 비행기와 헬리콥터이지만, '항공'이라는 단어에 대한 대부분의 현대적 정의는 드론과 같은 무인 항공기를 포함하도록 확장된다.

항공산업은 이러한 활동을 둘러싼 모든 산업으로 설명한다고 볼 수 있다. 항공산업에는 항공사 외에도 항공기 제조업체, 연구원, 항공 안전 전문가, 군용 항공 관련 기업, 드론을 설계, 생산 및 사용하는 회사가 포함된다. 항공산업은 조종사와 객실 승무원부터 항공 교통 관제사 및 항공우주 엔지니어에 이르기까지 전 세계 사람들에게 수백만 개의 일자리를 직접 제공한다. 이 외에도 항공산업은 더 넓은 여행 및 관광 산업에서 많은 일자리를 창출하는 데 도움이 되었다.

하지만 항공산업의 주요 3대 항공기 제조회사는 에어버스, 보잉, 록히드 마틴 등 해외 기업들이다. 민간 및 군용 항공기 시장 대부분의 생산 시설을 유럽 및 아시아에 보유하고 있다. 따라서 항공 플랫폼 시장을 귀속될 수밖에 없고 국내시장의 한계는 현실적인 문제를 갖고 있다.

항공산업은 지속가능한 연료의 혁신, 항공기 기술의 발전, 글로벌 이동성 증가 등으로 유망한 미래를 가지고 있다. 환경 문제 및 안전 규정과 같은 과제는 지속적인 관심이 필요하다.

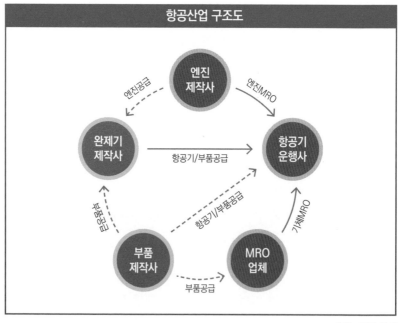

출처 : 저자 작성

모빌리티와 운송의 기둥(항공, 내륙 및 해상)은 우리 사회경제적 구조의 핵심이다. 그들은 사회적 연결을 뒷받침하고, 무역, 직업, 의료 및 교육을 포함한 상품과 서비스에 대한 접근을 촉진한다. 세계에서 항공, 도로 및 수로를 통한 모빌리티는 효율성, 속도, 상호 연결성 및 접근성에 관한 것이다. 이것은 지속가능성에 대한 문제를 제기한다.

세계경제포럼은 모빌리티 문제를 해결하기 위해 이러한 민간 부문과 정부의 혁신이 전체 운송 시스템을 최적화하는 것을 목표로 하는 개선안을 제안하고 있다. 조정되고 협력적인 방식으로 배치되면 모빌리티 환경 개선될 수 있다는 것이다. 불행히도 현재까지 이러한 노력은 교통 문제를 악화시킬 수 있으며, 특히 혼잡과 복잡성을 가중시키는 동시에 공공 및 민간 교통수단 간의 비효율성을 초래한다.

2036년까지 이러한 성장 경로가 달성되면 항공 운송 산업은 세계 경제에 1,550만 개의 직접 일자리와 1조 5,000억 달러의 GDP를 기여할 것이다. 전 세계 관광의 영향을 고려하면 이 수치는 9,780만 개의 일자리와 5조 7,000억 달러의 GDP로 증가할 수 있다.

2036년까지 승객 및 화물 수를 거의 두 배로 늘릴 계획이므로 조종사, 엔지니어, 항공 교통 관제사 및 기타 항공 관련 직업에 대한 수요가 급격히 증가할 것으로 예상된다. 또한 확실한 것은 이러한 성장을 지속하기 위해서는 기술과 접근 방식의 혁신이 필요하다는 것이다. 엔진과 항공기가 더 가볍고, 더 조용하고, 더 효율적이다. 최신 기술은 로봇공학, 인공지능, 사물 인터넷, 무인 항공기 시스템, 하이브리드 및 전기 비행기 추진 등으로 재편되고 있다.

대체 연료는 환경 보호를 지원하기 위해 현재 항공 시나리오를 크게 바꿀 수 있다. 인공지능(AI)과 빅데이터에 대한 막대한 투자는 안전성, 효율성 및 지속가능성을 높이는 유망한 방법으로 볼 수 있다. 이러한 기술은 항공 인프라와 활용도를 개선하는 데 도움이 될 수 있다.

출처 : 저자 작성

(3) 방위산업의 특징

스톡홀름국제평화연구소(SIPRI) 조사에 따르면, 전 세계 군비 지출은 계속해서 정체기에 있다가 2016년 들어서 북미, 유럽, 아시아, 오세아니아 지역을 중심으로 증가세로 돌아선 것으로 나타났다. 이것은 방위 예산을 감축하던 시대가 끝나가고 있다는 신호일 수 있다.

많은 나라에서 자국의 조달 정책을 완화하고 외국 업체들이 입찰에 참여할 수 있게 개방했다. 방산업체들은 이러한 시장 변화에 적응하려고 애써 왔다. 개발도상국들은 자국에 기꺼이 투자하며, 기술을 이전할 의지가 있고, 필요하다면 노하우를 공유하는 그런 회사들을 찾는 경향이 강해지고 있다. 방위비 지출을 줄이려는 노력이 계속됨에 따라, 같은 비용으로 최대의 효과를 거두려고 했다. 조달 정책의 변화까지 겹치면서 경쟁은 점점 더 치열해지고 있다. 이러한 변화에 대한 대응으로서 방산업체들은 한편으로는 회사 경영을 합리화하면서 또 한편으로는 주력 사업에 더 집중할 수 있도록 사업 모델을 개발하고 있다. 인수합병을 통해서 역량을 강화하고 교두보를 마련하고 있다.

스톡홀름국제평화연구소 통계에 따르면, 한국은 2013~2017년 대비 2018~2022년 방산 수출 규모가 75% 이상 급성장하면서 세계 1위를 기록했다. 글로벌 정세 변화로 지난해 세계 군비 지출이 사상 최대인 2조 2,400억 달러로 급증했고, 2024년에도 군비 지속 증가가 예상되고 국내 방산기업의 수주가 늘어날 것으로 전망된다.

국내 방위산업은 '방위산업 발전 및 지원에 관한 법률(방위산업발전법)'에 따라 방위산업 물자 등의 연구개발 또는 생산(제조·수리·가공·조립·시험·정비·재생·개량·개조)과 관련된 산업으로 정의할 수 있다. 방산물자란 항공기·함정·탄약 등 무기체계로 분류된 물자 중에서 안정적인 조달원 확보 및 엄격한 품질보증 등을 위해 필요한 물자, 그리고 무기체계로 분류되지 아니한 물자 중 대통령령이 정하는 물자, 국군의 무기체계는 통신(무전기 등), 감시·정찰, 기동(전차·장갑차·기동 지원 장비), 함정(잠수함·구축함·호위함 등), **항공**(전투기·수송기·헬리콥터 등), **화력**(소화기·박격포·로켓 등), **방호**(대공포 등), **사이버**, **우주**, **전투력 지원**을 위한 필수장비 등 그밖의 무기체계로 구분된다.

무기체계 분류			
지휘 통제·통신	• 지휘통제체계 • 통신체계 • 통신장비	항공	• 고정익항공(전투기, 초계기 등) • 회전익항공(공격헬기, 정찰헬기 등) • 무인항공기 • 항공전투지원장비(항공항법장비 등)
감시·정찰	• 전자전장비 • 레이더장비 • 전자광학장비 • 수중감시장비 • 기상감시장비 • 정보분석체계 • 기차	화력	• 소화기(권총, 기관총 등) • 대전차화기 • 화표(박격포, 로켓 등) • 화력지원장비(표적탐지 레이더 등) • 탄약 • 유도무기 • 특수무기(레이저무기)
기동	• 전차 • 장갑차 • 전투차량 • 기동지원장비(도하장비 등) • 지상무인체계 • 개인전투체계	방호	• 방공(대공포 등) • 화생방 • EMP방호
함정	• 수상함(전투함, 상륙함 등) • 잠수함 • 전투근무지원정 • 해상전투지원장비 • 함정무인체계	사이버	• 사이버작전체계
항공	• 고정익항공(전투기, 초계기 등) • 회전익항공(공격헬기, 정찰헬기 등) • 무인항공기 • 항공전투지원장비(항공항법장비 등)	우주	• 우주감시 • 우주정보지원 • 우주통제 • 우주전력투사
		그밖의 무기체계	• 워게임모델 • 전투훈련모의장비

출처 : 국가법령정보센터

정부는 방산업체의 대규모 투자 및 고위험 사업을 국가정책사업으로 지정해 지원할 수 있다. 방산물자를 생산하는 업체 중 화력장비·유도무기·항공기·함정 등을 생산하는 업체를 주요 방산업체로, 그 외의 방산물자를 생산하는 업체를 일반 방산업체로 구분한다.

방위사업청에서 방산물자를 지정하면 산업통상자원부에서 해당 방산물자에 대한 방산업체를 지정하고, 이에 따라 방산물자로 지정된 물자에 한해서만 방산업체가 된다.

방위산업은 공급자(방산업체)와 수요자(정부)가 한정된 산업으로 제품의 시장 가격이 형성되어 있지 않아 원가와 이윤을 보상하는 방식으로 가격을 결정한다.

정부가 방산원가에 적정 비율의 이윤을 더해 보상하는 방식으로 방산업체의 원가절감 유인책이 없는 문제가 있다. 원가가 줄면 방산업체의 이윤이 줄어드는 구조다. 또한 실제 발생 원가를 정확하게 파악하기 어려워, 가격을 낮추려는 정부와 이윤을 극대화하려는 방산업체 사이에 잦은 소송 발생한다. 방산 원가구조를 단순화해 적정이윤을 보상받을 수 있도록 구조 개선 노력 중이다. 방산업체가 원가 자료를 제출하면 방위사업청 원가팀에서 실사 등을 통해 원가를 계산하고 심사팀에서 이를 심사하는 등의 복잡한 과정이 있었다. 그러나 원가구조 개선으로 방산업체가 외부 전문기관이 검토한 원가 자료를 계약팀으로 제출하도록 단순화한 제도(원가 자료 성실성 추정 제도)를 시행하고 있다.

방산 수출의 확대는 방산업체의 가동률 및 생산성 향상과 규모의 경제 실현으로 안보 강화 및 기술 발전에 기여할 전망이다. 수출을 통해 국내 방산업체의 가동률을 높게 유지할 수 있을 것으로 기대하고 있다.

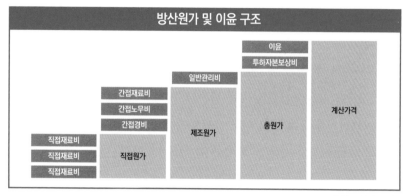

방산원가 및 이윤 구조

			이윤	
			투하자본보상비	
		일반관리비		
간접재료비				
간접노무비				계산가격
간접경비		총원가		
직접재료비	제조원가			
직접재료비	직접원가			
직접재료비				

출처 : 방위사업청

이에 따라 생산성이 개선되면 군은 방산물자를 안정적이고 경제적으로 조달할 수 있다. 규모의 경제를 달성해 고품질 무기체계를 경제적으로 획득하고 운용할 수 있는 것이다. 시장 확대를 통한 방산업체의 성장은 방산 기술 연구개발로 이어질 전망이며, 이는 군의 군사력 향상으로 이어질 것이라 기대된다. 높은 수준의 기술력 확보는 국가 안보 강화에 기여할 전망으로 국내 방산업체의 성장은 관련 중소기업 육성 및 고용 증가 등 긍정적인 경제적 파급효과로 이어질 전망이다. 방산업체는 수출 비중을 늘림으로써, 향후 국내 방산 재정이 축소되더라도 매출을 일정 부분 유지할 수 있어 안정적인 운영이 가능하다.

높은 수준의 방산 기술은 민간으로 이전되어 국내 산업 전반의 기술 경쟁력이 강화될 것으로 기대된다. 인터넷, GPS 등과 같이 방산에서 파생된 기술을 민간에서 활용하면 새로운 경제 성장 동력으로 작용할 것으로 기대하고 있다. 과학기술정책연구원(STEPI)에 따르면 10~15년 국방 기술이전에 따른 직간접적 경제효과는 9조 3,519억 원이며, 고용은 4만 6,000명 발생한 것으로 조사되고 있다.

우주경제의 통합 개념,
현재와 미래 전략

방위산업과 우주산업을 연계할 새로운 기회

우주경제를 해서는 우주와 방산 분야에 동시에 투자해야 한다. 이에 맞춰 자산운용사 타임폴리오는 최근 'TIME FOLIO 글로벌 우주테크 & 방산 액티브 ETF'를 출시했다.

민간기업이 우주산업의 발전을 이끌기 시작하고 활용범위가 넓어짐에 따라 우주산업과 항공산업, 방위산업은 동반 성장할 수밖에 없다. 우주라는 새로운 성장 산업에서 항공산업과 방위산업이라는 현재와 미래의 사업기획을 통한 비즈니스 전략이 해답이 될 수 있다.

방위산업은 세계 방산 수출 점유율을 2027년까지 5%를 돌파해 세계 4대 방산 수출국으로 도약하기 위한 '첨단전력 건설과 방산 수출의 선순환 구축' 전략과 핵심 추진과제를 제시하고 있다. 우주개발에 대해 갈수록 적극적인 모습을 보인다. 그래서 '우주경제'가 언급되는 것이다. 방위산업과 우주산업을 연계해 국가 신성장 동력을 견인하겠다는 전략이다.

우주항공 및 방위산업 분야는 특수한 수요와 요구사항으로 인해 혁신적인 공급망 솔루션이 필요하다. 우주항공방산 선두업체는 임무, 구성원 및 시장과 관련해 증가하는 요구사항을 충족하기 위해 그 어느 때보다 큰 노력을 기울이고 빠르게 대처해야 한다. 전략적 우선순위의 변화, 새로운 우주 경쟁, 글로벌 환경의 변동성으로 인해 변화의 모습은 더욱 증폭될 것이다.

정부는 국가 우주위원회를 열고 전남은 발사체, 경남은 위성, 대전은 연구·인재 개발 특화지구로 하는 등 우주산업 클러스터를 지정했다. 이에 따라 전남은 우주 발사체 특화 국가산업단지 조성, 민간발사장 확충 등 민간 우주개발 핵심인프라 구축, 발사체 기술사업화센터 구축, 우주 발사체 사이언스 콤플렉스 조성, 우주 소재 부품 사업 다각화 지원, 나로우주센터 민간 개방을 통한 관광 산업 활성화 등에 나설 계획이다. 2031년까지 8개 분야 24개 핵심 과제에 1조 6,084억 원을 투입할 방침이다.

우주 발사체 특화 국가산업단지는 나로우주센터 인근에 2028년까지 국비 3,800억 원을 투입해 조성된다. 민간기업의 우주 발사체 개발을 지원하기 위해 2030년까지 국비 3,500억 원을 투입해 민간발사장과 연소시험장, 조립동 등도 구축한다. 2031년까지 총사업비 2,100억 원을 투입해 발사체 기술사업화센터를 구축하고 고체 전용 발사장 및 발사체 조립시설, 우주연구센터 등 고체 발사체 관련 인프라도 만들 예정이다. 2024년 3월에는 '차세대 발사체 개발사업'이 이루어질 고흥군의 국가산업단지 예비 타당성 조사 면제를 추진한다는 발표가 있었다.

사업 착수부터 체계종합기업을 선정, 민간기업이 공동 설계부터 제작, 조립, 설계, 발사 등 전 단계에 참여하게 된다. 우주 발사체 산업 클러스터가 조성되면 2031년까지 10개 이상 발사체 앵커 기업 유치로 2조 6,660억 원의 생산유발효과와 1조 1,380억 원의 부가가치 유발효과, 2만 785명의 고용유발효과 등이 기대된다.

우주 발사체 산업 클러스터 조성 계획을 보면 실제 미국 투자 은행 모건스탠리는 세계 우주산업 규모를 2018년 3,500억 달러(약 420조 원)에서 오는 2040년에는 1조 1,000억 달러(약 1,320조 원)로 연평균 5.3% 성장을 전망하고 있다. 국방혁신도시와 연계해 우주산업 클러스터를 조성, 4차 산업을 집적시켜 시너지를 극대화한다는 전략이다.

방위산업과 우주산업 연계를 위해서는 우주항공 및 방위산업은 다양하고 복잡한 시장의 요구사항을 반영하기 위해 검증된 제품 개발 프로세스의 활용이 필수적이다. '방산 패키지와 우주산업'을 엮어 판을 키워 국가 신성장 동력의 핵심으로 견인해야 한다. 우주 및 방위산업 분야는 특수한 수요와 요구사항으로 인해 혁신적인 공급망 솔루션이 필요하다.

우주 및 방위산업 분야의 요구사항에 맞게 정보를 통합해 경쟁력 있는 솔루션을 공급망에 제공해야 한다. 또한 하늘에 별똥별과 같은 효과를 만들 수 있는 작은 금속 물질을 인공위성에 담아 발사하고, 고객이 요청한 장소와 시간에 위성에서 뿌려진 금속 물질이 대기권에 재진입하게 만들어 지상에 있는 고객이 봤을 때 별똥별이 떨어지는 것과 같은 이벤트를 만드는 비즈니스 모델의 기업도 있다. 한국 우주산업이 세계적인 경쟁력을 갖기 위해서는 이런 창의적이고 기발한 아이디어가 필수적이다. 발사체와 인공위성이라는 전통적 제품의 개발에 과도하게 집중하면 산업 경쟁력 강화에 한계가 올 수밖에 없기 때문이다.

우주, 방산 분야 기업들은 업계 통합, 새로운 경쟁사의 등장, 기술혁신, 정부 지출 관련 불확실성 등 역동적인 환경에 놓여 있다. 방산, 우주산업 기업들이 다양한 업계 내의 문제를 해결하고 성장 목표를 달성하기 위한 전략 수립이 필요하다.

우주항공방산에서 도전과 기회 창출

우주항공방산 관련 최근 뉴스는 많은 관심을 받고 있다. 주요 뉴스에는 자율 주행 기술, 우주 탐사, 새롭고 지속적인 글로벌 분쟁과 관련된 국방 요구사항, 전력 및 연료의 발전을 포함한 친환경 기술의 흥미로운 혁신이 포함된다.

우주항공방산은 우리 경제뿐만 아니라 국가 안보, 비즈니스 및 레저

여행, 우주 탐사 및 개발, 여러 산업 부문에 서비스를 제공하는 신기술의 지속적인 발전에 중요한 산업이기 때문에 이러한 관심은 계속될 것이다.

우주항공방산은 유도 미사일, 우주선, 폭발물, 탄약과 무기, 군용 차량 및 모든 관련 부품이나 시스템을 포함해 항공기 제조의 많은 핵심 산업으로 구성된다. 또한 공급망 내에는 금속, 플라스틱, 복합재, 전자, 정보 기술, 엔지니어링 및 R&D를 포함한 전문 및 기술 서비스와 같은 여러 관련 산업이 있다.

우주항공방산의 공급망은 광범위하므로 많은 부문과 하위 부문에 걸쳐 다양한 기회를 창출한다. 2022년 미국의 항공우주 및 방위 부문 매출은 3,730억 달러로 추산되며, 이는 2017년 수준인 3,350억 달러에 비해 크게 증가한 수치다. 코로나19와 공급망 제약으로 인한 2019년과 2020년의 감소세는 회복세로 돌아섰다. 2027년까지 우주항공방산 부문 수익이 4,390억 달러에 이를 것으로 추정된다. 산업 그룹 내에서 항공기, 엔진 및 부품 제조는 2022년 약 3,000억 달러로 추정할 수 있었다. 고용 측면에서 우주항공방산은 약 574,271개의 일자리를 가지고 있으며, 71%는 특히 항공기 및 관련 부품과 관련이 있다(2022년 기준). 다른 일자리의 17%는 유도 미사일 및 우주 제조 및 관련 부품에 속한다.

미국의 우주항공방산에 주목할 만한 영향을 미칠 3가지 법안은 인프라 투자 및 일자리 법(2021년 11월 통과), 반도체 및 과학 법(2022년 8월 통과),

인플레이션 감축법(2022년 8월 통과)이다. 연방 투자의 대부분은 미국 내 제조업을 강화하고, 인공지능(AI) 및 기타 디지털 기술의 적용을 가속화하고, 산업을 보다 탄력적으로 만들고 환경에 미치는 영향을 줄일 수 있는 지속할 수 있는 연구 및 적용을 가속하려는 것에서 시사점이 있다.

출처 : 한국항공우주산업 진흥회

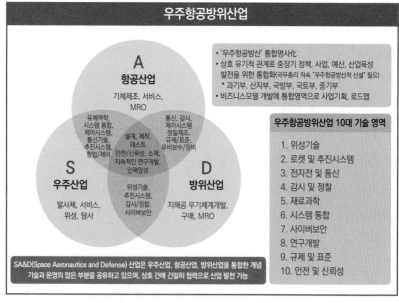

출처 : 저자 작성

우주항공방산의
새로운 기회와 성장

우주항공방산의 가치사슬을 통한 산업경제 활성화와 산업 생태계 전략의 핵심은 생태계를 결정하게 된다. '참여할 생태계' 또는 '오케스트레이터(Orchestrator)로 주도적인 역할을 할 생태계'가 결정될 것이다. 가능성은 무한하다. 여러 차례 배팅하면서 하이브리드 생태계를 구성할 수도 있고, 기존 생태계를 기반으로 새롭게 파생되는 생태계를 형성할 수도 있다. 자체적인 산업 생태계를 구축하고 시장 진입 전략을 모색한다면, 협력할 기술 파트너와 미래의 경쟁력을 최대한 활용하는 방법이 중요하다.

새로운 비즈니스 모델을 통해 새로운 수익을 창출할 수 있도록 자체적인 산업 생태계를 구축하고, 혁신적인 기술 파트너를 찾는 방법이 중요하다. 우리는 새로운 비즈니스를 끊임없이 추구하고 있다. 새로운 신산업 비즈니스를 향해 우리는 노력하고 새로운 비즈니스에 시장으로 확대하고자 한다. 기업들의 노력은 끊임없다. 물론 기업들의 노력과 더불어 정부의 정책 방향과 글로벌한 시장경제도 함께 작용하면서 새로운 산업의 발굴과 그 영역의 확대는 계속될 수 있다고 볼 수 있다.

항공산업과 우주산업, 방위산업의 각각의 영역을 통합한 비즈니스의 영역을 생각해보고자 한다. 우리는 그동안 우주라면 천문학의 범위 또는 혼란과 질서의 코스모스 범위로 우주를 생각해왔다. 지금은 스페이스의 영역으로 우주를 바라봐야 할 것이다. 공간의 개념에는 인류가 추구하고자 하는 경제 논리를 포함할 수 있다. 그런 측면에 최근 우주경제를 표방하고 논의하고 우주경제의 가능성을 보는 것은 매우 의미가 있다고 본다.

항공산업을 먼저 살펴보면 항공산업에는 우리가 크게 항공에 대한 기체 제작과 그 기체에 대한 정비, 항공 조종 또는 공항에 여러 가지 인프라 등을 주요 요소로 생각할 수 있다. 어떤 측면에서는 지금 시점에 항공산업은 레드오션에 가깝다. 더 이상 플랫폼의 증가와 추가로 투입되는 기업의 자원은 한정되어 있다고 볼 수 있다. 항공산업은 기체구조, 또 동력장치, 또 기계 시스템, 전기 전자 시스템, 여러 가지 IT와 소프트웨어, 지상 설비 시스템으로 구축되어 복합적인 기술 집약적 플랫폼을 갖춰졌다고 할 수 있다. 그동안 항공산업은 많은 발전을 해왔고 앞으로도 항공산업의 미래는 있다. 그러나 지금까지의 항공산업 영역 안에서만 생각한다면 항공산업은 레드오션인 것이다.

이런 관점에서 우리가 우주산업을 바라보면 이제는 우리가 사용하는 우주의 기술이 일상에도 사용되는 스핀오프 기술로 발전하고 있다. 우주산업은 위성 활용 서비스 분야와 또 각종 발사체 제작, 위성체 제작의 범위들은 점점 확대되어가고 있다. 또한 많은 경제활동이 이루어질 수 있다. 기업들과 또 여러 가지 재화와 용역의 측면에서 막대한 시장의 규모로 블루오션의 시장이라고 볼 수 있다. 우주의 경제성은 어느 때보다 매력적이다. 기술 발전, 민간 부문 투자 증가, 우주 데이터 및 관련 제품 및 서비스에 대한 수요 증가하고 있다.

우주 부문 성장의 또 다른 중요한 요인은 민간 부문 투자 증가다. 점점 더 많은 벤처캐피털 회사와 사모 펀드(PE) 회사가 우주 부문에 투자하고 있다. 점점 더 많은 민간기업이 우주 관련 제품 및 서비스를 제공하기 위해 시장에 진입하고 있다. 우주경제 생태계는 우주 지원 기능과 비즈니스 모델을 통해 주요 산업 부문에 가치를 제공하는 리더로 인정받을 수 있다.

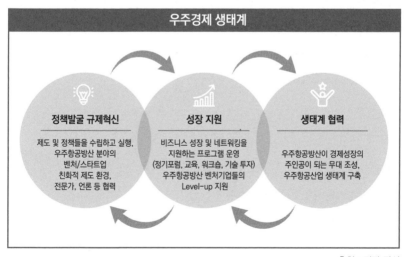

출처 : 저자 작성

방위산업은 계속된 경제 비즈니스의 방향성을 갖고 있고, 반면에 우주산업은 아직은 많은 부분의 경제적 파급효과와 산업적 활성화를 통한 기업의 비즈니스 영역들이 활발하게 이루어가지는 못하고 있다. 미래 지향적이긴 하지만 현재 시점에 한계성을 부인할 수가 없다.

　그러한 관점에서 방위산업이라는 산업의 포커스를 한번 들여다볼 필요가 있을 것 같다. K-방산으로 해서 여러 가지 수출의 증대 기술의 증대가 이루어지고 있고, 활발한 방위산업의 활성화, 경제적 파급력을 볼 수 있다.

　방위산업은 각 군과 우주 연결하는 통합 지원체계 구축을 꾸준히 요구되고 있다. 그동안 방위산업은 국가의 자주국방과 전력 증강의 측면에서만 바라봤다. 물론 자주국방과 전력 증강 분야는 방위산업에 매우 중요한 첫 번째 요소다.

　비즈니스적 관점에서만 방위사업을 살펴볼 때는 방위산업 자체만으로 존재하기는 어려움이 있다. 방위산업의 시장은 확대되어가고 많은 영역을 기술적 영역으로 포함하고 있는 것이 방위산업이다. 이제는 항공산업과 우주산업, 그리고 방위산업 3가지 산업의 영역을 융합하고 그것을 시너지를 발휘하는 비즈니스적 관점이 이제는 필요한 시점이라고 본다.

　항공산업의 어떤 기반하에 우주산업과 방위산업의 여러 가지 촉매효과를 할 수 있다. 항공산업의 여러 가지 정체와 포화해 시각을 방위산업을 포함한 전투기의 개발 또는 다양한 분야에서 방위산업을 포함한 항공산업과의 시너지를 통한 비즈니스적 접근을 통한 국가 경제 발전을 위해 산업의 확대, 시장의 확대, 시장 성장의 기대가 될 수 있다.

우주산업도 방위산업이 포함된다면 우주경제의 현재 시점에 경제활동이 가능하고 비즈니스적 영역이 현재 진행형으로 이루어질 수가 있다.

방위산업에서의 우주는 여러 가지 위성, 또 발사체, 감시 영역에서 많은 활약을 하고 있다. 최근에 러시아와 우크라이나 전쟁에서 스페이스X의 활약을 본다면 우리가 그 부분을 짐작할 수가 있을 것이다. 누리호 발사와 민간 로켓 발사 성공으로 사업화가 가속될 것으로 예상되고 우크라이나 전쟁을 통해 위성의 필요성이 크게 대두되어 많은 기업이 우주 시장이 관심을 끌게 되었다. 방위산업을 토대로 한 우주산업과 항공산업 3가지 축을 같이 바라보면서 비즈니스적 여러 기업의 기회를 찾는다면 시장의 확대, 성장의 확대가 가능할 것이다.

항공산업은 여러 가지 제품 개발 주기가 길고 자본 및 기술 축적의 진입장벽이 높다는 단점이 있지만, 성공 시에는 장기간 안정적인 수익 창출이 가능하다는 장점이 있다. 큰 투자 규모와 긴 투자 횟수의 기간으로 여러 가지 세계적으로 정부 지원이 보편화된 전략 투자 산업이라고 본다면 단점보다는 장점을 살릴 수 있을 것이다. 그것을 유도하고 방공 무기 기술과 생산 기반, 핵심 기술 및 생산 기반을 항공산업에서 제공한다면 국가 전략 산업과 방위산업의 다양한 무기체계 플랫폼의 개발이 가능하다. 따라서 산업의 육성, 시장의 확대도 가능하다고 본다. 항공산업의 여러 가지 핵심 기술과 생산 기반을 우주개발 산업에 포함된다면 스페이스의 영역과 우주개발의 다양한 분야인 위성과 기체 개발이 포함되어 산업 생태계가 만들어질 것이다.

우주항공방산 생태계는 그 시작이고 시장의 확대이고 기회라고 본다. 그러기 위해 3가지 축에서 우리가 준비해야 할 것이 있다.

첫 번째는 정책 발굴과 여러 가지 규제 혁신이다. 제도 및 정책들을 수립하고 실행하며 우주항공방산 분야에 벤처나 스타트업 또는 제도 환경의 변화를 위한 전문가 논의, 협력을 통한 정책 발굴 및 규제 혁신이 필요하다.

두 번째로는 성장의 지원이다. 비즈니스 성장이나 다양한 네트워킹을 지원하는 프로그램을 운영해서 우주항공방산에 기여하는 많은 기업의 여러 가지 기회와 투자와 기술 협력의 장이 필요할 것이다.

세 번째로는 생태계 협력이다. 우주산업과 항공산업, 방위산업 3가지 산업 간의 경제 성장의 주인공이 되는 무대가 조성될 수 있는 우주항공방산의 생태계를 구축하는 것이 필요하다.

우주항공방산 생태계를 구축해서 우주·항공·방위산업의 3가지 경제적 축으로 융합된 체제를 가져간다면 우리는 새로운 경제 패러다임을 가져갈 수 있고 경제 성장의 초석이 될 수 있다. 이것이 우리나라의 경쟁력이 될 수 있을 뿐만 아니라 우리나라의 경제적 발전에 축이 될 수 있다. 이러한 3가지 축을 각각 바라본다면 글로벌 경쟁이나 시장의 규모 축이 한정되고 한계가 있을 수밖에 없다.

3가지 축을 합친 우주항공방산은 우리가 잘할 수 있고 집중할 수 있는 분야다. 우주항공방산을 각각의 산업이라고 보지 말고 하나의 또 다른 산업의 생태계라고 봐야 한다. 우주항공방산의 가치사슬을 통한 별도의 산업영역으로 육성하고 만들어나가야 할 것이다.

SA&D 인더스트리에서
해답을 찾는다

우주산업의 중심에는 방위산업 기업들이 있을 것이다. 이것이 SA&D(Space Aeronautics and Defense) 산업에 주목해야 하는 이유다. SA&D 산업은 장기적인 목표를 달성하기 위해 노력하는 동시에 단기적인 목표를 달성해야 하는 패러다임의 변화 속에 가장 적절한 전략이 될 수 있다. 앞서 언급했듯이 현재 방위산업 기업들은 우주 분야에도 많이 참여하고 있고, 실제로 유인 달 탐사를 목표로 하는 아르테미스 프로그램에는 록히드 마틴, 보잉, 에어버스, 노스롭 그루먼과 같은 방위산업 기업들도 대거 참여했다.

우주산업 경영진과 투자자들은 활동을 상업화하고 민간 부문 기술에 대한 의존도를 높이려는 해외 시장을 보면 시사하는 것이 있다. 글로벌 비즈니스 리더들은 군사 통신 및 미사일 추적을 위해 확산하는 지구 저궤도 별자리를 구축하기 위해 수백 개의 상업용 위성을 구매하고 있는 미국 우주개발국(SDA)과 같은 방위 시장에서 밝은 전망을 하는 것을 보고 있다.

그러나 이 분야의 기업을 지원하는 금융가들은 국방부가 상업용 우주 제품 및 서비스를 더 널리 수용하기를 원한다. 연구 보조금과 파일럿 프로그램의 형태로 활동이 급증하는 것을 보지만, 펜타곤이 NASA가 우주 수송 및 탐사 프로그램에서 하는 것처럼 상업 서비스를 주로 사용할지는 의문이다. 우주산업은 미래 방위 우주 시장을 계획하는 데 있어 중요한 경제 및 안보 영향을 보고 있으며, 이것이 기업들이 미국 상공회의소를 이 논의에 참여시키기로 결정한 이유다.

미 우주군은 상업 산업과 협력전략

상업 우주 전략(Commercial Space Strategy)은 우주군이 구체화됨에 따라 미래 계약을 위해 경쟁하는 방법에 대해 더욱 명확성을 추구하는 우주산업 전반에 걸쳐 많은 기대를 받고 있다. 지난해 우주군 사령관 챈스 살츠만(Chance Saltzman) 장군은 민간 부문의 혁신을 통해 군의 레거시 시스템(Legacy System : 낡은 기술이나 방법론, 컴퓨터 시스템, 소프트웨어 등)을 현대화하는 것을 목표로 민간 위성 서비스를 군사 활동에 통합하는 청사진을 작업 중이라고 밝혔다. 그는 콜로라도주 오로라에서 열린 공군우주군협회(Air & Space Forces Association)의 전쟁 컨퍼런스(Warfare Conference)에서 군의 상업 우주 전략이 거의 완성되고 있다고 말했다.

우주군은 우주경제와의 연결을 재설정하고 개선하기 위한 새로운 접근 방식으로 산업을 발전시키는 방법을 공식화했다. 이 보고서에는 탄력적이고 전투할 수 있는 아키텍처의 개발을 추진하는 동시에 더 빠르게, 더 많은 수로, 더 낮은 비용으로 배포하기 위해 상업 우주 전략을 제시하고 있다.

우주군은 이 전략을 달성하기 위해 다음과 같은 4가지 노력을 시행할 것이다. 협력적 투명성, 운영 및 기술 통합, 리스크 관리, 미래를 확보하는 것이다. 새로운 상업적 통합을 위한 우선 임무 영역은 전술 감시, 정찰 및 추적이다. 우주 기반 환경 모니터링, 위치, 내비게이션 및 타이밍, 및 공간 접근, 이동성 및 물류뿐만 아니라 위성 통신, 발사 및 우주 영역 인식과 같은 임무 영역에 상업적 역량을 지속해서 통합할 것이다.

우주항공방산 분야의 기술혁신

우주항공방산이 지속가능성과 효율성으로 정의되는 미래를 향해 나아가면서 몇 가지 핵심 기술이 혁신적인 발전을 위한 발판을 마련하고 있다. 재사용할 수 있는 발사대는 임무의 비용과 환경에 미치는 영향을 획기적으로 줄임으로써 우주여행에 혁명을 일으키고 있다. 이와 동시에 전기 및 수소 동력 항공기의 개발은 깨끗하고 효율적인 비행의 새로운 시대를 열 것이다. 또한 극초음속 기술을 위한 R&D에 대한 투자가 가속화되어 이전에는 상상할 수 없었던 속도로 항공 이동 시간이 단축될 수 있다. 우주항공 부품의 수명과 내구성을 향상하게 시킬 뿐만 아니라 연료 효율을 높이는 것을 가능하게 한다.

세계가 이전에 본 적이 없는 역동적인 시장에서 어떻게 성장할 수 있을까? 우주시대인 뉴스페이스의 시작은 몇 년 전부터 진행되고 있다. 이제 우주산업은 그 어느 때보다 빠르게 확장되고 있으며, 더 이상 정부기관의 전유물이 아니다. 민간단체가 주도하는 상업 우주산업은 우주 관광, 탐사 및 위성 기술 분야에서 큰 도약을 이루고 있다. 신생기업과 중소기업(SME)은 업계를 혼란에 빠뜨리고 투자자의 상상력을 사로잡고 있다. 시장 수요를 따라잡기 위해서는 신속한 혁신과 첫 단추를 잘 끼우는 것이 필수적이다.

새로운 비즈니스 모델을
탐색하라

모건스탠리의 투자 은행은 캘리포니아주에서 열린 심포지엄(Small Sat Symposium)에서 '매력적인 우주 자산을 손에 넣으려는 대형 프라임에 대한 욕구'를 강조했다.

우주에 초점을 맞춘 미국 국방성 예산은 국방예산의 다른 부분보다 훨씬 더 건전하게 성장하고 있다. 우주가 성장의 상당 부분을 차지하는 곳이기 때문에 우주 사업에 관한 관심을 주목하고 있다. 방산업체인 레이시온(Raytheon)과 L3 해리스(L3 Harris)가 최근 몇 년 동안 보잉과 록히드 마틴의 뒤를 이어 신흥 기술을 포착하기 위해 벤처캐피털 부문을 설립했다. L3 해리스는 우주항공방산 부문에서 올해 가장 큰 거래 중 하나로 우주 하드웨어 제조업체인 에어로젯 로켓다인(Aerojet Rocketdyne)을 인수할 계획을 발표했다.

6,000개 이상의 위성이 지구 궤도를 돌고 있으며 향후 10년 동안 33,000개가 발사될 것으로 예상된다. 또한 수만 개의 비활성 물체, 즉 우주 쓰레기가 있어서 오늘날 인공위성은 붐비는 파편 지대를 통과해야 한다. 파편 생성을 최소화하기 위한 새로운 기술, 정책 및 비즈니스 인센티브의 조합이 혼잡, 궤도 위험, 지속할 수 있는 우주 운영을 위한 글로벌 규칙 부족에도 불구하고 업계를 발전시킬 것으로 기대하고 있다.

스페이스X, 아마존 등과 같은 우주 인터넷 기업과 성장하는 원격 감지 산업은 대부분 지구 저궤도에 있는 별자리에 수십억 달러를 투자하고 있다. 그들은 인공위성을 잃으면, 특히 전체 궤도를 잃으면 사업 계획이 실제로 타격을 입기 시작한다는 사실을 잘 알고 있다.

추진, 자율 기술에 대한 수요 증가

우주경제는 많은 상업적 수요가 기대되지만, 그중 많은 부분이 규제 요구사항에 의해 주도된다. 그러나 본질적으로 충돌을 피할 수 있고, 제시간에 궤도를 이탈할 수 있으며, 따라서 엄청난 돈을 들이지 않고도 위성군을 보낼 수 있도록 하는 데는 상업적인 이기심도 작용하고 있다.

로스앤젤레스에 본사를 둔 슬링샷 에어로스페이스(Slingshot Aerospace)의 부사장 찰리 맥길리스(Charlie McGillis)는 비콘(Beacon)으로 알려진 우주 교통관제 소프트웨어에 관한 관심이 급증했다. 이 서비스에 가입한 위성 운영자는 긴급 충돌 경보를 수신해 위성 기동을 조정하고 고위험 상황에서 다른 운영자와 통신할 수 있다. 상무부의 우주 교통 관리 사무소를 지원하기 위해 플랫폼에 자리 잡고 있다. 우주 상무국은 현재 국방부가 수행하는 기능인 충돌 가능성 경고와 같은 민간 우주 교통 관리 서비스를 제공하기 위한 상용 기술을 평가하고 있다.

프랑스에 본사를 둔 우주 물류 회사인 엑소트레일(Exotrail)의 설립자 겸 최고 제품 책임자인 데이비드 앙리(David Henri)는 혼잡을 관리하는 데 도움이 되는 업계의 또 다른 트렌드는 인공위성을 운영하기 위한 자동화 도구와 덜 혼잡한 궤도로 우주선을 배송할 수 있는 새로운 운송 서비스를 사용하는 것이라고 했다.

전기 추진기 생산 규모를 확대하고 우주 운송 서비스를 제공하기 위한 노력을 확대하기 위해 5,800만 달러 규모의 자금 조달 라운드를 발표했다. 충돌 방지 및 상황 인식을 위한 기술에 투자하고 있다. 또한 더 발전된 미션 소프트웨어를 사용해 자율적으로 운영을 계획하고 위험을 최소화하고 있다.

맥길리스는 미래에는 스페이스X의 스타링크(Star link) 자율 운영 모델을 따를 가능성이 크며, 위성은 자체 결합 회피 기동을 수행할 것이라고 말했다. 이 기술은 자율 주행 자동차 사고가 나지 않게 하는 기대가 있다.

일본과 미국에 본사를 둔 우주 물류 회사인 아스트로스케일(Astroscale)의 클레어 마틴(Clare Martin) 부사장은 우주 환경의 지속가능성을 보장하기 위해 업계가 점점 더 많은 동기를 부여받고 있다고 말했다. 아스트로스케일은 적극적인 잔해 제거 서비스를 제공하며, 업계는 정부가 비용을 지급할 것으로 예상한다. 기업들은 더 이상의 파편 생성을 방지하기 위한 역량에 기꺼이 투자하고 있다. 마틴은 "상업 운영자들은 실제로 책임감 있고 지속가능한 방식으로 행동하고 올바른 방향으로 나아가기 위해 우리와 같은 회사와 협력하는 데 적극적으로 참여하고 있다"라고 말했다.

버려진 로켓은 큰 위험을 초래

레오랩(LeoLabs)의 CEO이자 공동 설립자인 댄 세펄리(Dan Ceperley)는 궤도에 있는 위성에 대한 가장 큰 위험은 다른 위성이 아니라 수십 년 동안 축적된 비활성 로켓 상부 단계라고 주장했다. "불행히도, 버려진 로켓 본체는 이 시대에도 계속 문제가 되고 있다"라고 했다. 또한 레오랩스는 지구 저궤도에 버려진 로켓 본체 약 50개를 확인했고 이 로켓 본체는 꽤 거대하다면서 "어떤 의미에서 시한폭탄이 째깍거리고 있다. 부딪히거나 부서지면 매우 많은 양의 파편이 방출될 수 있다"라고 했다.

모든 행성의 모든 사람이 현재 우주 서비스에 절대적으로 의존하고 있다는 것을 알고 있을 것이다. 그것은 우리가 우주 환경을 돌보는 일은 하지 못했다는 절망적이고 우울한 측면을 내포하고 있다. 지금 당장 문제를 해결하기 위해 실질적으로 힘을 모아야 할 것이다.

투자 관점에서 바라보는 시각

더 많은 투자, 개선된 인프라와 디지털 기술은 우주 생태계 전반에 걸쳐 잠재력을 발휘할 수 있다. 우주의 경제학은 그 어느 때보다 매력적이다. 지난 몇 년 동안 위성 및 기타 우주 기반 자산의 제조, 발사 및 운영에 대한 문제가 크게 감소했다. 인공위성은 '소형화'되어 생산 및 운영 비용이 이전 어느 때보다도 저렴해졌다. 재사용할 수 있는 로켓 덕분에 발사 비용이 훨씬 저렴하다. 이러한 개발을 가속하는 디지털 및 첨단기술은 새로운 플레이어가 위성 사업자의 데이터에 액세스하고 새로운 비즈니스 애플리케이션을 탐색하는 데 도움이 되고 있다.

글로벌 우주 부문의 이러한 성장은 새로운 플레이어에게 기회를 제공하고 기존 플레이어에게 새로운 제품을 제공하고 있다. 2022년은 역대 최다인 186회의 로켓 발사 성공(2021년보다 41회 증가)을 기록하며, 우주 부문의 급속한 변화를 예고하는 기록적인 한 해였다. 앞으로 몇 가지 불확실성과 도전이 있겠지만, 실용적이고 협력적인 접근 방식을 통해 우주 생태계에서 자립적인 산업 기반을 향한 꾸준한 성장을 이룰 수 있다. 적절한 공공 및 민간 투자를 통해 참여자들은 단기 및 장기 수익 기회를 모두 활용할 수 있는 모델을 공동으로 구축할 수 있다. 그러기 위해서는 기존 기업과 신규 기업 모두 혁신에 집중하고 최종 사용자 산업 전반에 걸쳐 다양한 새로운 사용 사례를 지원해야 한다.

미래의 성장 기회가 존재할 수 있는 곳과 더 책임감 있고 지속가능하며 효율적인 방식은 어떤 것들이 있을까? 빠르게 성장하는 우주경제 시장에서 실행이 가능하고, 향후 몇 년 동안 성장을 주도하는 데 도움이 될 수 있는 주요 영역을 탐색해봤다.

기술 발전으로 비용 절감

기술의 발전, 민간 부문 투자 증가, 우주 데이터에 대한 수요 증가는 우주 부문을 재편하고 있다. 기술 발전, 민간 부문 투자 증가, 우주 데이터 및 관련 제품 및 서비스에 대한 수요 증가를 포함해 이 부문의 최근 성장에 기여한 몇 가지 요인이 있다.

우주 부문의 주요 성장 동력은 재사용할 수 있는 소형 발사체와 같은 신기술의 개발이었다. 딜로이트(Deloitte)의 2023년 우주 설문조사에 참여한 고위 경영진의 82%는 우주 시장의 '혁신이 조직'의 우선순위라고 답했다.

혁신은 새로운 우주 시스템을 개발하고 페이로드를 우주로 발사하는 것을 보다 비용 효율적으로 만들었으며, 이를 통해 더 많은 조직이 우주 부문에 참여할 수 있게 되었다. 초소형 인공위성인 미니샛과 큐브샛의 개발은 특히 이 분야에 대한 민간기업과 정부기관의 투자에 관한 관심을 높였다. 이는 우주에 대한 보다 저렴한 접근과 별자리(위성들이 공유된 제어 시스템을 통해 함께 작동하는 위성 그룹)와 같은 새로운 비즈니스 모델을 가능하게 하기 때문이다. 미니샛은 2022년에 발사된 우주선의 약 95%를 차지했다. 위성 별자리는 또한 향후 몇 년 동안 우주 시장을 주도할 가능성이 크다. 그 결과로 위성 통합, 부품 및 발사체에 대한 수요 증가를 전망해볼 수 있다. 단일 위성과 달리 위성 별자리는 지구상의 언제 어디서나 하나 이상의 위성을 사용할 수 있도록 전 세계 또는 거의 전 지구적 범위를 제공할 수 있다. 낮은 비용으로 인해 발생하는 더 높은 수요를 해결하려면 발사 서비스 제공업체가 생산 및 발사 속도를 모두 높여야 한다.

민간 부문 투자 확대

우주 부문 성장의 또 다른 중요한 동력은 민간 부문의 투자 증가다. 점점 더 많은 벤처캐피털 회사와 사모 펀드 회사가 우주 분야에 투자하고 있다. 또한 더 많은 수의 민간기업이 우주 관련 제품 및 서비스를 제공하기 위해 시장에 진입하고 있다. 2022년 말 기준, 글로벌 우주 부문은 2013년 이후 1,791개 기업에 약 2,720억 달러의 PE 투자를 유치했다. 동시에 국가 안보 분야에 대한 투자도 빠르게 증가하고 있다. 예를 들어, 미국에서는 FY23 국가 안보 우주 예산에서 FY22 대비 19.5%

증가한 208억 달러를 국가 안보 우주 투자 계정에 할당했다. 투자의 증가는 경쟁과 혁신의 심화로 이어졌다. 저궤도(LEO)에서 수백 또는 수천 개의 위성을 활용해 저지연 광대역과 같은 서비스를 제공하는 시스템인 메가컨스텔레이션(Mega Constellations : 초고속 인터넷 서비스를 제공하기 위해 지구 저궤도에 위성을 쏘아 올려 거대한 위성 네트워크를 만드는 사업)과 같은 새로운 비즈니스 모델을 가능하게 했다. 2030년까지 40,000~50,000개의 위성이 1,000만 명 이상의 최종 사용자에게 서비스를 제공할 수 있을 것으로 예상한다.

스페이스X, 블루오리진, 렐러티비티스페이스 등은 재사용할 수 있는 발사체와 같은 신기술의 개발 및 상용화에 투자하고 있다. 예를 들어, 스페이스X는 2022년에 약 20억 달러를 모금해 87회의 로켓 발사, 지속적인 달 탐사 프로젝트, 스타링크 인터넷 서비스 확장을 계획해 진행하고 있다. 이러한 민간기업들은 위성 기반 서비스와 같은 다른 부문으로도 확장하고 있다.

우주 시장이 확대됨에 따라 향후 10년 동안 우주 시장에서 민간기업의 역할이 증가할 것으로 예상한다. 관련 사업에 참여하고 있는 고위임원들 대상 설문에서 98%는 우주 데이터 서비스 및 우주 제조와 같은 새로운 트렌드로 인해, 우주 시장에서 민간기업의 역할이 확대될 가능성이 크다고 답했다. 이처럼 더 많은 민간기업이 자본이 우주 시장으로 유입될 가능성이 크며, 이는 해당 부문이 성장하고 야심 찬 프로그램을 실행하는 데 도움이 될 수 있다.

우주 데이터 및 관련 제품 및 서비스에 대한 수요 증가

전문 기업이 고품질 데이터를 고객에게 직접 제공하고, 빠르게 성장하는 우주 DaaS(Data-as-a-Service) 시장은 또 다른 핵심 동력이다. 정부기관, 민간기업 및 연구기관은 모두 위성 광대역과 같은 광범위한 애플리케이션을 지원하기 위해 우주 기반 데이터를 더 많이 사용하고 있는 추세다. 통신 서비스 제공업체와 지구 관측 서비스 제공업체는 위성에서 생성된 데이터로부터 가장 큰 이익을 얻을 수 있다.

전문 우주기업은 위성을 구축, 소유 및 운영해 고객에게 데이터와 통신을 제공할 수 있다. 최종 고객은 이를 통해 핵심 비즈니스를 강화하는 데 집중할 수 있다. 더 넓은 우주 생태계 개발은 우주 가치사슬 전반에 걸쳐 모든 참여자가 집중하는 핵심 영역이다.

우주 가치사슬은 우주 관련 제품 및 서비스의 설계, 개발, 생산 및 사용과 관련된 다양한 단계(업스트림, 미드스트림, 다운스트림)와 활동을 의미한다. 우주 가치사슬은 정부 우주 기관, 상업 우주 회사, 연구기관 및 최종사용자를 포함한 다양한 행위자가 참여하는 복잡하고 연결된 시스템이다. 가치사슬의 각 단계는 상호 의존적이며, 여러 행위자의 참여가 필요하다. 가치사슬에는 국가 간 산업영역 부문 간 협력뿐만 아니라 다양한 유형의 민간 및 공공 투자의 조정도 포함된다.

우주 가치사슬은 전통적인 우주항공 기업과 우주 중심 스타트업이 혼합된 많은 순수 기업의 출현을 경험하고 있다. 이러한 기업 중 다수는 주로 우주선의 설계, 개발 및 제조에 중점을 두고 있다. 하지만 새롭고 향상된 부가가치 서비스 제공을 고려하고 있는 기업도 늘고 있다. 우주 부문의 많은 부문이 여전히 진화하고 있지만, 이 부문은 10년 이 내에 더 빠른 성장을 보일 것으로 예상된다.

광범위한 가치사슬 전반에 걸쳐 필수 기능을 제공하는 기업은 투자 자, 개발자, 통합업체, 공급업체, 정부기관, 학계 및 연구소 네트워크를 구축해 더욱 협력할 수 있다. 이 생태계는 우주 시장의 기업들이 파트 너십을 맺고 이해관계자와 더 강력한 관계를 형성할 수 있는 역동적인 전체적인 네트워크를 제공하는 데 도움이 될 수 있다. 또한 생태계는 자율 기술과 같은 중요한 기술을 발전시키고 있는 운송과 같은 다른 최 종 시장과의 협력을 촉진할 수 있다.

우주 생태계의 4대 주요 범주

① 주요 사업 또는 사업의 주요 부문이 우주 관련 회사들이 있다. 이 회사들은 발사체 및 위성과 같은 제품을 만들거나 우주에서 소비 자에게 서비스를 제공한다. 고객은 정부 부문과 민간 부문을 모두 포함할 수 있다.
② 국가 안보 및 과학 연구개발을 위한 우주 기반 역량을 구축, 발사 및 관리하는 정부기관이 있으며, 여기에는 정책 및 표준 개발도 포함된다.
③ 우주 상업화 및 서비스의 영향을 받는 기업들과 우주 시장 진입을 모색하고, 거기에 도달하기 위해 도움이 필요할 수 있다.

④ 학계는 미래 우주 임무를 위한 과학 및 우주기술의 연구개발을 통해 혁신에 기여하고 있으며, 산업 인재를 교육하고 공급하는 데 중요한 역할을 한다.

우주 가치사슬 전반의 성장 잠재력 실현

우주 생태계는 우주 지원 기능과 비즈니스 모델을 통해 주요 산업 부문에 가치를 제공하는 리더로 인정받을 수 있다. 기업은 상업, 국방, 정부와 같은 영역 전반에 걸쳐 폭넓고 깊이 있는 전문 지식을 활용해 새로운 역량을 개발하고 전략적 우주 자산을 구축하는 데 도움이 될 수 있는 다양하고 흥미로운 구상에 대해 여러 파트너와 긴밀히 협력할 수 있다. 우주 생태계에서 활동하는 기업은 파괴적인 성장 잠재력이 있는 6가지 주요 영역인 서비스형 우주 데이터(Data-as-a-Service), 우주 제조, 적층 제조, 우주 로봇공학, 우주 지속가능성, 국가 안보 우주에 집중함으로써 성장을 촉진할 수 있다.

서비스형 데이터(Data-as-a-Service) 공간

우주에서 수집된 데이터, 다양한 우주 기반 기기 및 플랫폼에서 수집한 방대한 양의 정보는 군사 통신, 공해 감시, 환경 및 기후 변화 모니터링, 비상 대응 등 다양한 목적으로 점점 더 많이 사용될 수 있다. 우주 데이터는 자율 주행 차량 및 사물 인터넷과 같은 새로운 기술과 산업을 지원할 수 있는 잠재력을 가지고 있다. 우주에 대한 접근 비용이 절감되고 기술이 계속 발전함에 따라 우주에서 수집되는 데이터의 양과 다양성은 계속 증가할 것이다.

또한 여러 산업과 최종 사용자에게 귀중한 통찰력과 이점을 제공할 수 있다. 예를 들어, 우주로 송수신되는 데이터의 양은 2020년에서 2030년 사이에 500엑사바이트 이상으로 증가할 가능성이 크다(14배 증가). 우주 데이터가 최종 시장 전반에 걸쳐 더 광범위하게 사용되고 중요해짐에 따라 우주 데이터에 대한 수요가 증가하고 있다. 한 가지 잠재적인 사용 사례에는 지구 관측 및 원격 감지와 같은 우주 기반 기술을 사용해 천연자원을 모니터링 및 관리하고, 농업을 지원하며, 재난 대응 및 관리를 지원하는 것이 포함될 수 있다.

엣지 컴퓨팅 및 AI와 같은 새로운 혁신 기술은 우주 데이터 서비스도 혁신할 수 있다. 우주의 엣지 컴퓨팅은 소프트웨어 애플리케이션을 위한 새로운 영역을 열 수 있는 새로운 기술로, 모바일 앱과 규모가 비슷할 것이다. 엣지 컴퓨팅은 데이터가 생성되는 위치에 더 가깝게 데이터를 처리하고 더 빠른 속도와 볼륨으로 처리할 수 있도록 해 실시간으로 더 큰 행동 주도 결과를 도출하는 것이므로 우주선의 엣지 장치는 센서 데이터(예 : 이미지)를 처리해 현장에서 실행할 수 있는 정보를 생성할 수 있다.

공간 데이터를 처리를 위한 AI 사용 확대

우주 항법은 카메라 및 LIDAR(Light Detection and Ranging)와 같은 다양한 센서의 데이터를 분석해 우주선 환경에 대한 상세한 지도를 만든다. 그런 다음 이 정보를 사용해 우주선을 탐색해 장애물을 피하고 궤도를 최적화할 수 있다.

이미지 및 신호 처리는 우주선에서 촬영한 이미지를 분석해 행성 표면의 분화구나 산과 같은 특정 특징을 식별한다. 마찬가지로 AI는 전파망원경과 같은 우주 기반 기기의 신호를 분석해 데이터의 패턴이나 이상을 감지하는 데 사용할 수 있다.

과학적 데이터 분석은 우주선과 망원경으로 수집한 대량의 데이터를 처리해 인간이 감지하기 어려운 패턴과 추세를 식별한다. 위성 시스템 제어 및 모니터링은 위성에 탑승해 위치 또는 전력 사용량 조정과 같은 결정을 내린다. AI는 또한 위성의 상태를 모니터링해 잠재적인 문제가 발생하기 전에 식별하고 이를 방지하는 조치를 하는 데 사용할 수 있다. 우주 데이터는 지리 공간 인텔리전스 및 우주 영역 인식을 위한 디지털 현실 기술(예 : 증강 현실 및 가상 현실, 디지털 트윈)을 가능하게 할 수 있다.

잠재적인 사용 사례는 다음과 같다. 지리 공간정보와 디지털 현실 기술을 통합해 지역 인텔리전스(동적 및 정밀 타깃팅을 위해 3D 지리 공간 데이터 사용) 및 맵핑 강화와 소셜미디어와 같은 영역에서 3D 지리 등록 데이터가 있어야 하는 새로운 3D, 메타버스 애플리케이션 개발이다. 우주 상황 인식 데이터를 활용해 우주 교통 및 위협을 이해하고 관리하기 위한 몰입형 환경 조성도 이 중의 하나가 될 수 있다.

우주기업이 지구 이미지 및 IRS(정보, 감시 및 정찰)를 위해 이미지, 센서가 장착된 위성 및 시스템과 같은 '서비스형 우주 데이터' 솔루션을 제공할 준비를 할 때 중요한 점이 있다. 누가 데이터를 소유하고 있는지, 누가 어떤 유형의 데이터가 필요한지, 고객이 얼마를 지급할 의향이 있는지 명확하게 이해해야 한다.

우주 제조

우주 내 제조는 진공 및 미세중력 조건의 사용과 같은 산업 생산을 위해 우주공간이라는 독특한 환경을 사용하는 것이다. 지구에서 생산하기 어렵거나 불가능한 재료와 구조물을 생산하는 것을 포함한다. 미세중력 환경은 침전, 대류 및 진동의 힘을 제거하고 컨테이너에서 재료를 더 잘 분리하는 데 사용할 수 있으므로 프로세스를 연구하고 지구에서 할 수 없는 일을 할 수 있다. 예를 들어, 우주의 미세중력 환경에서 금속은 지구에서 생산되는 금속보다 더 강하고 내구성이 뛰어난 큰 단결정으로 성장할 수 있다. 또한 우주의 진공은 반도체 및 광섬유와 같은 물질을 생산하는 데 사용될 수 있다. 이는 지구에서 달성하기 어려울 수 있는 높은 순도가 있어야 한다. 잠재적으로 공정을 개선하고 에너지 소비를 60%까지 줄이기 위해 우주에서 반도체를 제조하는 데 관심이 있다.

우주기업은 가상 테스트, 로봇공학, 빅데이터 기반 방법 및 품질 관리 프로세스를 포함한 혁신적인 기술을 통해 제조 분야에서 큰 발전을 이룰 수 있다. 특히, 표면 엔지니어링, 복합재 제조, 가상 제조, 임베디드 센서, 프로세스 모델링 및 시뮬레이션을 포함한 첨단 제조는 설계자유, 생산 단계 간소화, 비용 절감 및 성능 향상 측면에서 새로운 산업가능성을 열 수 있다.

우주에서 적층 제조(3D 프린팅이라고도 함)와 같은 첨단기술은 주문형제조 구성요소 및 예비 부품을 가능하게 한다. 이러한 품목을 지구에서 발사할 필요성을 줄일 수 있다. 우주공간에서 위성 안테나를 3D 프린팅하기 위한 궤도 내 적층 제조 기술을 개발해 비용을 더욱 절감하고로켓에 더 많은 공간을 만들 수 있다.

산업계는 또한 지구에서 시뮬레이션 된 미세중력에서 부품을 제조함으로써 생성되는 추가 기능을 실현할 수 있다. AI 및 양자 컴퓨팅과 같은 기존 기술은 지구의 우주 환경(미세중력)을 시뮬레이션 및 모방할 수있는 잠재력을 가지고 있다. 이는 지상 영역을 벗어나지 않고도 유사한결과를 얻을 수 있다.

현재 우주 제조가 대량 생산에 필요한 기술과 역량을 갖추고 있지 못하고 있는 것이 사실이다. 이를 개선하기 위해서는 현재 몇 가지 중요한 과제가 있다.
우주로 장비를 발사하는 비용, 현재 1kg의 탑재체를 궤도에 발사하는 데 드는 비용은 수천 달러에 달할 수 있다. 발사 비용이 크게 줄어들때까지는 우주에서 대규모 제조를 수행하는 것이 어렵고 비용이 많이들 수 있다. 우주 인프라 부족은 지금 당장은 개선이 어렵다. 우주에서 대규모 상업 제조에 필요한 종류의 생산을 지원할 수 있는 시설이 없다. 이러한 인프라 부족은 우주 내 제조가 이 부문의 성장을 주도하기 전에 해결되어야 한다. 불충분한 법적 체계는 현재의 법적 체계는 책임을 다루기에 충분하지 않은 형편이다. 결함을 평가하고 귀속시키기가 어려울 수 있다. 교체는 저렴하고 수명이 짧으며 발사 비용이 절감되므로, 일부 응용 분야의 경우 서비스보다 교체 비용이 저렴할 수 있다. 상호운용성은 인터페이스 표준에 대한 합의가 부족한 상태다.

적층 제조

복잡한 물체를 층층이 쌓아올려 만들 수 있는 적층 제조 기술은 우주 관련 하드웨어 및 구성요소의 생산 방식에 혁명을 일으킬 수 있는 잠재력을 가지고 있다. 이는 복잡한 형상을 제조할 수 있게 하고, 특수 툴링(Tooling)의 필요성을 줄이고, 생산 시간과 공급망 문제를 해결함으로써 가능하다.

우주 생태계에서 활동하는 기업은 제조 공정을 단순화하고 특수 툴링의 필요성을 줄여 하드웨어 생산을 더 저렴하게 함으로써 우주 임무 비용을 절감하는 데 도움이 되는 적층 제조를 고려할 수 있다. 또한 3D 프린팅 기술은 적층 제조된 추진 시스템 및 고성능 재료와 같은 새로운 기술을 개발할 수 있게 할 수 있는 잠재력을 가지고 있다.

적층 제조를 실험하는 회사의 예는 다음과 같다.

렐레이티비티스페이스는 대형 금속 3D 프린터를 사용해 세계 최초의 3D 프린팅 로켓인 완전히 재사용할 수 있는 최초의 완전 3D 프린팅 로켓을 만들고 있다. 3D 프린팅 로켓은 약 60일 만에 원자재에서 비행까지 갈 것으로 예상된다.

NASA는 3D 프린팅을 사용해 인젝터(Injector) 및 연소실을 포함한 로켓 엔진 부품을 만들어 왔는데, 이는 전통적인 방법으로는 제조하기 어렵다. 약 50개의 우주 회사가 적층 제조를 사용해 LEO 용 우주선과 부품을 만들고 있다.

플릿 스페이스(Fleet Space)는 완전한 3D 프린팅 위성군을 발사할 계획이다. 3D 프린팅에 사용되는 재료와 혹독한 환경, 방사선, 진공 및 온도 변화, 우주의 미세중력과의 호환성 보장, 인쇄된 재료의 제어 및 특성화 등과 같이 극복해야 할 과제가 있다. 우주 제품에 대한 수요가 증가함에 따라 생산 규모를 확장하기 위해 3D 프린팅에 걸리는 시간도 극복 과제다. 이러한 문제를 해결하기 위해서는 우주 제품에 더 적합할 수 있는 특수 3D 프린팅 기술 개발 및 우주 적격 재료 사용과 같은 추가 투자와 연구가 필요할 수 있다.

우주에서의 로봇공학

로봇공학은 우주 탐사에서 중요한 역할을 한다. 우주 부문에서 우주선, 로버 및 기타 장치를 원격으로 작동하고 제어해 천체를 탐사하고 연구할 수 있도록 한다. 이 기술은 수년에 걸쳐 크게 발전해 우주 탐사를 위한 보다 유능하고 다재다능한 로봇 시스템을 만들 수 있게 되었다. 가장 중요한 예 중 하나는 화성 상공에서 로봇 탐사선을 사용하는 것이다. NASA의 화성 탐사 로버 및 화성 과학 연구소와 같은 화성 탐사 로봇은 화성 표면을 탐사하고, 행성의 지질학과 대기를 연구한다. 과거 또는 현재 생명체의 증거를 찾는 데 사용되었다.

로봇 팔 또한 우주선과 우주 정거장에서 서비스, 유지보수 및 조립과 같은 작업을 수행하는 데 널리 사용될 수 있다. 캐나다암(Canadarm)으로 더 잘 알려진 NASA의 캐나다암 2(Canadarm 2 : SRMS, Shuttle Remote Manipulator System)는 우주 왕복선에서 페이로드를 이동하고 기타 작업을 수행하는 데 사용되었다. 우주 왕복선 궤도선에서 페이로드를 배치, 기동 및 캡처 등에 사용되는 일련의 로봇 팔이다.

국제 우주 정거장(ISS)에는 화물 운반 및 유지보수와 같은 작업에 사용되는 로봇 팔도 있다. NASA의 로봇 연료 보급 임무(Robotic Refueling Mission, RRM)와 유럽우주국(European Space Agency, ESA)의 자동 이송 차량(ATV)은 궤도에 있는 위성에 연료를 보급하고 수리하는 데 사용되었다. 위성의 발사 비용과 제조 비용이 감소하면 위성 서비스 비용이 고장난 위성을 교체하는 비용을 초과할 수 있기 때문에 위성 서비스용 로봇 개발에 어려움이 발생할 수 있다. 그런데도 실패한 위성을 폐기하면 우주 쓰레기가 증가하며 궤도 서비스가 해결책이 될 수 있다.

공간 지속가능성

새로운 위성의 발사, 기존 위성의 충돌, 오래된 위성의 폐기 등 다양한 요인으로 인해 우주 쓰레기와 궤도 혼잡(Orbit Conges), 즉 지구 궤도에 있는 파편과 위성의 양이 증가하고 있다. 특히 새로운 위성의 발사는 우주 혼잡 문제에 크게 기여했다. 인공위성과 우주 쓰레기를 추적하는 회사인 레오랩스(LeoLabs)에 따르면, 2022년 말 현재 지구 주위를 도는 활성 위성이 6,000개 이상이다. 파편의 또 다른 주요 원인은 기존 위성의 충돌이다. 2009년 이리듐 33호와 코스모스-2251 위성의 충돌이 대표적이다.

우주 쓰레기에는 고장이 난 위성과 다 쓴 로켓 단계부터 부서진 우주선 파편과 지구 궤도를 도는 나사 및 볼트와 같은 작은 파편에 이르기까지 지구 궤도를 도는 비활성 또는 제어되지 않는 모든 것이 포함된다. 유럽우주국(ESA)에 따르면 약 2조 개의 파편이 0.1mm, 1억 2,800만 개의 파편이 1mm 크기다. 여기에는 미세 운석과 같이 인간이 만든 것이 아닌 파편이 포함된다. 우주 쓰레기 관리는 가까운 장래에 우주선 발사가 급격히 증가할 것으로 예상되기 때문에 업계에 '시급한 요구'가 될 수 있다.

이처럼 증가하는 우주 쓰레기는 여러 가지 위협이 되고 있지만, 가장 큰 위협은 인공위성을 운용하는 중에 생기는 문제다. 파편과의 충돌은 궤도에 있는 활성 우주선을 훼손하거나 파괴할 수 있으며, 이에 따라 통신, 항법 및 기타 중요한 응용 분야의 서비스가 중단될 수 있다. 우주 쓰레기의 축적은 궤도의 파편 밀도가 너무 높아져 파편 물체 간의 충돌로 인해 더 많은 파편이 생성할 수 있다. 충돌의 자체 유지 주기가 발생하는 '케슬러 증후군'으로 알려진 현상으로 이어질 수 있는 것이다. 이에 따라 특정 궤도를 여러 세대 동안 사용할 수 없게 될 수 있다. 이는 우주를 계속 사용하는 데 방해가 된다. 한편 AI 같은 고급 기술은 위성과 잔해의 위치를 더 정확하게 예측하는 데 도움이 될 수 있다.

정부와 산업계는 우주 쓰레기를 추적하고 우주 기반 자산과 환경을 보호할 책임이 있다. 이러한 위협을 완화하기 위한 다음과 같은 조치를 고려할 수 있다. 활성 잔해물 제거는 잔해물 개체 제거. 에어버스는 현재 실험용 위성이 궤도에서 활성 잔해를 제거하는 리무브 데브리스(Remove DEBRIS)라는 프로젝트(우주 쓰레기에 그물을 쏘는 방식, 작살로 제거하는 방식, 커다란 돛으로 포획해 소각하는 방법 등을 실험)를 시작했다. 위성에 대한 '수명 종료' 폐기 기동 사용도 하나의 방법이다. 대부분의 위성은 파편이 될 위험을 줄이기 위해 작동 수명이 끝나면 의도적으로 궤도를 이탈하게 되어 있다.

국가 안보 공간

국가 안보와 세계 경제를 위한 우주의 중요성으로 인해 우주는 광범위한 전략적 경쟁을 위한 중요한 영역이 되었다. 이에 따라 각국 정부는 더 큰 운영 탄력성과 역량을 제공하는 우주 역량에 투자하게 되었다.

이러한 경쟁의 심화는 기술의 발전과 일부 우주 기반 제품 및 서비스의 시장 성장을 초래하고 있다. 특히 정찰, 항법 및 통신을 위한 위성 사용을 포함해 국가 안보 목적을 위한 우주 기반 자산 및 기술에 대한 수요가 증가하고 있다. 상업용 발사가 증가하면 더 낮은 비용으로 기능을 사용할 수 있게 되어 국가 안보를 위한 목적 분야에도 도움이 될 것이다.

오늘날 국가 안보를 위한 우주는 선진 군대에만 국한되지 않고 많은 국가가 국가 안보를 개선하기 위해 자체 우주 역량에 투자하고 있다. 예를 들면, 2022년 미국 하원 군사위원회의 전략군 소위원회는 2023 회계연도 국방수권법에 대한 제안을 통과시켰다. 군사 공간, 미사일 방어, 핵무기 정책 및 프로그램을 다루는 전략군 패널은 상업용 우주기술과 상업용 위성 데이터의 사용 증가를 옹호했다. 그 결과, 군대는 최고의 기존 기술 구매를 늘리고 새로운 기술을 개발하기 위해 상업 회사와 협력할 가능성이 있다. 이러한 방식으로 기업은 국가의 안보를 보호하기 위해 우주를 활용하고자 하는 정부의 새로운 수요를 활용할 수 있다.

지금이 바로 행동할 때이며 기회

우주 생태계에서 활동하는 기업의 완전한 잠재력은 아직 실현되지 않았다. 최근 기술의 발전, 민간 부문의 급격한 투자 증가, 우주 데이터 및 관련 제품 및 서비스에 대한 수요 증가가 이 부문의 성장을 촉진하고 있다. 단기적으로 투자할 가능성이 가장 큰 상위 3개 분야는 국가 안보, 위성 통신, 엣지 컴퓨팅 및 인공지능이다. 향후 10년은 수천 개의 새로운 위성이 궤도에 진입해 위성 연결성이 향상되는 거대 별자리의 시대가 될 수 있다. 계획된 발사는 많은 양의 위성과 통신하고 파편을 모니터링하고 충돌을 피하려고 새롭고 진보된 지상국에 대한 수요를 창출할 수 있다.

이러한 기회를 확대하는 데 있어 공공-민간 협력과 국제협력이 중요할 것이다. 또한 우주 시장에서 민간기업의 역할은 우주 데이터 서비스 및 우주 제조와 같은 새로운 트렌드로 인해 계속 확대될 것이다. 우주 데이터에 증가 수요를 충족하기 위해 데이터 센터와 데이터 정제 및 처리와 같은 부가가치 서비스를 개발해 데이터를 궤도에 저장하는 새로운 시장이 등장할 수 있다. 이러한 잠재력을 실현하려면 인프라 투자를 촉진하고 수요를 장려하기 위해 더 광범위한 우주 생태계 전반에 걸쳐 공동의 노력이 필요하다.

향후 몇 년 동안 우주 시장이 전개됨에 따라 신규 진입자와 기존 업체 모두에게 도전과 기회가 풍부하다. 비즈니스 및 기술혁신은 계속해서 비용을 절감하고 우주에 대한 접근성을 확대할 것으로 예상된다. 비즈니스 모델은 소수의 매우 비싼 맞춤형 솔루션에서 더 많은 양, 더 낮은 비용, 더 많은 표준 제품으로 전환될 가능성이 크다. 우주 시장 진출을 고려하고 있는 기업과 기존에 우주에 진출한 기업은 이러한 변화하는 비즈니스 모델에 적응할 수 있는 능력과 더 낮은 비용으로 더 많은 양을 지원할 수 있는 프로세스 및 생산 시스템의 성숙도를 평가해야 한다.

PART 03

시장 선점을 위한
기업들의 성과와 전망

'274조 원 기업' 스페이스X

우주항공에 투자하더라도 과거 저금리 시대와는 다른 방법으로 접근해야 한다. 먼 미래의 상상력을 당겨오기보다 정책의 혜택을 확실히 받을 수 있는 기업이나 지금 당장 돈을 벌 수 있는 기업에 투자해야 한다.

우주항공 테마는 초저금리 시대였던 2020~2021년에 큰 주목을 받았다. 금리가 낮았기 때문에 먼 미래의 상상력까지 다 끌어와서 투자할 수 있었다. 2022년부터 글로벌 긴축이 시작되면서 상상력을 당겨오는 것이 점점 제한받게 되었다. 지난 2~3년간 우주항공 테마가 조정받았던 이유다. 미국이 기준금리를 인하할 가능성이 크기 때문에 일단 매크로적인 관점에서 다시 우주항공에 관심을 가져볼 만한 여건은 만들어진 것 같다. 중요한 건 미국과 중국의 패권 경쟁이 진행되고 있다는 것이다. 미국은 아르테미스 프로그램을 통해서 우주산업에 투자하고 있다. 중국도 우주산업에 투자를 늘리고 있다. 우리나라에서는 우주항공청이 개청되면서 정부 지원이 본격화할 것으로 보인다.

민간영역에서는 스페이스X가 본격적으로 성장하면서 우주항공 산업이 B2B(기관 대 기관)에서 B2C(기관 대 소비자)로 점차 영역을 확장하고 있다. 이런 이유로 인해 우주항공은 앞으로 몇 년간 계속 주목할 필요가 있다.

국내에서는 우주항공청 개청이 굉장히 상징적이다. 우주항공청을 통해 본격적으로 민간기업들을 지원하는 프로젝트를 할 수 있다. 미국은 정부 예산보다 민간 투자가 늘어나는 것에 주목해야 한다. 과거에는 NASA의 주도로 투자했다면 이제는 스페이스X 같은 기업들에 서비스를 맡긴다. 하지만 우려가 없는 것이 아니다. 우주항공청의 기관 명칭에서도 알 수 있듯이 우주, 항공 분야를 모두 컨트롤하겠다는 것인지, 우주만 하겠다는 것인지, 그러면 항공 분야를 어떤 방향과 어느 부처에서 컨트롤하는 것인지 등이 이슈로 떠올랐다. 부처 간 업무 정립이 필요하고 향후 진행하면서 이슈가 되고 안정화까지 시간이 필요해 보인다. 하지만 우주경제는 매일매일 새로운 이슈가 나오고 그동안 제한된 기술들은 극복해가고 있다. 우주항공청 개청이 이러한 흐름에 얼마나 힘이 되고 기업들에 실질적인 지원과 정책이 수립될지 우려가 있지만 응원하면서 지원하고자 한다.

미국 국방성 산하 연구기관인 국방고등연구계획국(DARPA)이 우주항공 분야 예산을 많이 늘리고 있다. 예산이 늘어난 곳을 보면 미사일 기술이나 초저궤도 위성 분야다. 예산과 투자가 늘어나는 곳에 주목할 필요가 있다. 아르테미스 프로그램은 2026년까지 인간을 달에 착륙시키는 것을 목표로 한다. 1960년대에는 미국과 소련의 패권 경쟁으로 인해 인류가 달에 갔다면 지금은 미·중 패권 경쟁이 벌어지면서 다시 달에 가려고 하는 것이다. 달에 가기 위해 이런저런 방법과 계획에 의해서 투자하고 예산이 확대되고 있다는 것이 중요하다. 아르테미스 프로그램이 조금 지연되긴 했지만, 주식 시장에서 크게 고려할 문제는 아니라고 생각한다.

미국 간판 민간 우주 탐사기업 스페이스X가 주식 일부 공개 매각을 추진한다는 소식이 나왔다. 뉴욕증시에서는 스페이스X 상장 여부와 상장 시기를 둘러싸고 투자자들 관심이 컸다는 점에서 구체적인 기업 평가 가치를 비롯한 추후 논의 방향에 대해 시장 관심이 쏠린다.

현재로서는 가격 범위가 결정되지 않았지만, 회사 측 공개 매각 가격을 1주당 108~110달러로 예상하며 이를 감안한 기업가치는 2,000억 달러(약 274조 원)에 달하는 것으로 추정된다. 이는 23일 종가 기준 미국 우주항공산업 간판 기업인 보잉의 시가총액(약 1,057억 달러) 두 배에 달하는 수준이다.

이번 공개 매각은 스페이스X 지분 일부에 해당하며 구체적인 수량이나 비중 방식이 알려지지 않았다. 다만 일반 투자자들은 그간 스페이스X 또는 회사의 주력 사업 중 하나인 위성 인터넷 사업 스타링크 상장 여부에 촉각을 기울여왔다.

작년 말에는 스페이스X가 스타링크 상장을 염두에 두고 이르면 2024년 회사를 분사하는 방안을 검토했다는 소식이 나오기도 했다. 일론 머스크 CEO도 앞서 2021년을 전후해 수년간 스타링크 상장을 언급해 투자 관심을 끌어왔다. 다만 구체적인 시기 대신 사업 수익성과 현금 흐름이 명확해지는 시점에 상장할 것이라는 입장도 함께 밝힌 바 있다.

한편, 스페이스X의 경쟁사인 보잉의 유인 우주선 '스타라이너'의 첫 유인 시험 비행이 무기한 연기되면서 스페이스X와 보잉 간의 격차가 더 커질 것이라는 전망이 나온다. 보잉은 국제우주정거장을 왕복하는 유인 우주선 개발을 민간에 맡긴다는 NASA의 방침에 따라 스타라이너 개발에 착수했다.

같은 날 스페이스X는 처음으로 '스파이 임무용' 위성을 우주로 쏘아 올렸다. 캘리포니아주 반덴버그 우주국 기지에서 NROL-146 위성이 탑재된 팰컨-9 로켓을 우주로 발사했다.

미국 정보기관인 국가정찰국(NRO)의 '정찰용 위성 집합체' 구축을 위한 작업 중 하나로 해당 위성은 스페이스X가 만든 첫 첩보 위성이다.

스페이스X는 상업용 우주 발사체 사업과 위성 인터넷 사업 스타링크'를 운영하며 민간 우주산업의 강자가 됐다. 민간 부문은 물론 미국 항공우주국(NASA) 및 기타 정부기관과 계약을 맺고 우주 발사체를 쏘아 올리고 있다. 최근 스페이스X는 위성 통신 사업 경쟁사인 아마존으로부터 로켓 발사 계약을 수주하기도 했다. 우리나라의 첫 군사 정찰 위성도 스페이스X의 팰컨-9에 실려 궤도에 올랐다.

우주산업 관련 분석회사 브라이스테크(Brycetech)가 2024년 1분기 발사 보고서를 공개했다. 궤도 발사 수에서는 이전부터 스페이스X가 독보적인 1위를 지키고 있다. 또 2023년 1분기 발사 중량 합계는 42만 9,125kg(429톤)으로 처음으로 400톤을 돌파했다.

1분기 궤도 로켓 발사 후 집계 결과, 스페이스X가 총 31회를 기록하며 1위를 차지했다. 최근 스페이스X의 발사 수는 2023년 2분기 22회, 2023년 3분기 26회, 2023년 4분기 27회로 타사 다른 조직에 비해 10회 이상 앞서는 독보적 1위를 차지하고 있다.

2위는 중국 국영 '중국항천과기집단'(CASC), 3위는 러시아 국영 '러시아연방 우주공사'(로스코스모스)로 5회였다. 로켓으로 쏘아 올린 위성과 탐사선 등을 모두 포함한 '우주 발사체'에서도 1위는 스페이스X로 525기, 2위 CASC가 27기, 3위 로스코스모스가 24기로 집계되었다. 3위 이하는 미국 로켓랩(Rocket Lab)이 10기, 중국우주항공과학기술그룹(CASC) 산하 중국 로켓 기술연구원 자회사인 차이나 로켓(China rocket)이 9기, 미국 항공기 제조사인 록히드 마틴과 보잉의 발사 부문을 전신으로 하는 ULA(United Launch Alliance)가 7기, 타사 다른 조직은 5기 미만이다.

발사 중량으로 보면 1위 스페이스X는 42만 9,125kg(429톤)으로 처음으로 400톤 고지에 올랐다. 2위인 CASC는 2만 9,426kg(29톤)으로 스페이스X 발사량이 14배 많다. 국가별로 보면 1위 미국(36회), 2위 중국(14회), 3위 러시아(5회), 4위 일본(3회) 순이며, 공동 5위로 인도(2회)·

이란(2회) 순이다. 1분기에 발사된 총 626기의 우주 발사체 종류는 통신용(74%), 원격탐사용(10%), 기술 개발용(9%) 등이다. 통신용 우주 발사체가 많은 것은 스페이스X가 위성 통신 서비스 스타링크를 위해 다수의 통신위성을 쏘아 올리고 있기 때문이다.

K-방산,
우주 시장을 향한 국내 기업

    K-방산의 빅4로 꼽히는 한화에어로스페이스와 LIG넥스원, 한국항공우주산업(KAI), 현대로템이 민간 우주 시장의 약 73%를 차지하는 우주산업 분야에 참여하기 위해 분주하다. 2040년 1,400조 원에 이를 것으로 기대되는 글로벌 우주산업의 민간 우주 시장 선점을 위해 본격적인 행보에 나선 것이다.

    한화에어로스페이스는 2032년 '달 착륙선' 발사하겠다는 야심 찬 목표를 발표하면서 우주산업에 강한 의지를 보이는 기업 중 하나다. 한화에어로스페이스는 엔진 기술을 기반으로 정부 주도의 발사체 사업, 한국형 발사체로 불리는 누리호(KSLV-II) 개발에 참여하면서 본격화하고 있다. 또한 발사체 기술의 민간 이전이라는 방침에 따른 다양한 수혜가 있을 것으로 본다. 다만 우주항공청이 민간 주도 우주개발을 하겠다고 나섰으나 관련해 기술료 감면 특혜나 상용화 지원 제도가 부족한

게 현실이다. 이번 프로젝트는 한국항공우주연구원과 함께 누리호의 뒤를 잇는 차세대 발사체(KSLV-Ⅲ)에 개발하는 것이 목표다. 9,505억 원이 투입되는 이 사업의 수요기관 항우연은 2030년 이 발사체로 3회의 발사를 계획 중이다. 앞으로 개발될 달 착륙선 최종모델도 여기에 실어 쏘아 올린다는 구상이다. 자체 위성 '스페이스아이-티(SpaceEye-T)'도 발사한다는 계획을 세우고 있다. 그룹 계열사와의 시너지를 통해 다양한 사업을 진행할 수 있는 장점이 있다. 한화시스템이 위성 개발과 다양한 통합시스템 등이 가능하기 때문이다. 한화에어로스페이스가 국내 최대의 민간 발사체 생산 시설 착공에 들어가면서 독자적인 발사체 제조 인프라 확보에 나섰다. 약 500억 원을 투자해 2025년까지 6만m^2 규모로 건립되는 제작센터에서는 2026년 발사 예정인 누리호 5호기는 물론 후속 신규 발사체들도 제작된다.

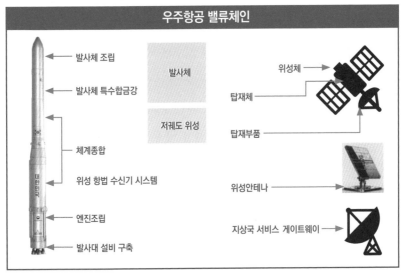

우주항공 밸류체인

발사체 조립
발사체 특수합금강
체계종합
위성 항법 수신기 시스템
엔진조립
발사대 설비 구축

발사체
저궤도 위성

위성체
탑재체
탑재부품
위성안테나
지상국 서비스 게이트웨이

출처 : 저자 작성

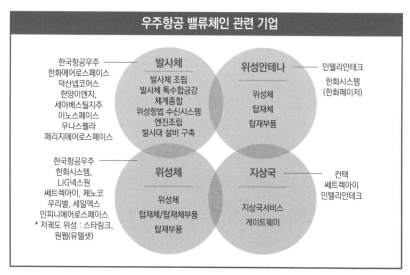

우주항공 밸류체인 관련 기업

한국항공우주
한화에어로스페이스
덕산넵코어스
한양이엔지,
세아베스틸지주
이노스페이스
우나스펠라
페리지에어로스페이스

발사체
발사체 조립
발사체 특수합금강
체계종합
위성항법 수신시스템
엔진조립
발사대 설비 구축

위성안테나
위성체
탑재체
탑재부품

인텔리안테크
한화시스템
(한화페이저)

한국항공우주
한화시스템,
LIG넥스원
쎄트렉아이, 제노코
우리별, 세일엑스
인피니에어로스페이스
* 저궤도 위성 : 스타링크,
원웹(유텔샛)

위성체
위성체
탑재체/탑재체부품
탑재부품

지상국
지상국서비스
게이트웨이

컨텍
쎄트렉아이
인텔리안테크

출처 : 저자 작성

　실제 국내에서 우주 밸류체인을 완성한 기업은 한화에어로스페이스
가 유일하다. 우주 시대가 열리면서 한화에어로스페이스는 다양한 사
업기회를 얻을 수 있다. 하지만 글로벌 기업과 비교하면 가지고 있는
인프라 활용이 아쉽다. 글로벌 우주 시장에서 한국이 차지하는 비중은
1% 정도이고 국내에 우주 생태계가 조성될 수 있는 정부 차원의 정책
지원이 어느 기업보다 유리한 만큼 과감한 우주경제에 주도적 역할을
통해 글로벌 시장에서 독보적인 기업이 되길 기대해본다.

　LIG넥스원은 위성 개발을 핵심으로 우주 시장의 가능성을 보여주는
기업이다.

　초소형 위성 체계 분야는 군사용으로 사용될 뿐 아니라 민간시장에
서도 신기술을 바탕으로 시선을 끌고 있다. K-방산에 힘입어 전자광
학 위성 감시시스템(EOS)은 한국 공군을 비롯해 전 세계가 주목하는 기

술로 수주잔고 등 매출 상승에도 주도적 역할을 하고 있다. 기술이전을 촉진하기 위한 정보의 유통, 인력 및 기술 교류 등이 민·관 차원에서 활발하게 이루어지고 있다. 위성에 탑재되는 초정밀 영상레이더(SAR)를 비롯해 군 위성통신단 말, 전자광학(EO), 적외선센서(IR) 등을 개발하며 위성항법시스템(KPS)은 우주산업 영향이 크다. 방산을 통한 우주산업의 비즈니스 전략의 대표적인 기업이 될 수 있다. 뉴스페이스 시대에 우주항공방산의 통합적 전략을 어떻게 만들어나갈지 기대가 된다.

한국항공우주산업(KAI)은 위성 개발, 우주 수송·탐사, 위성 서비스 등 3가지 사업에 중점적으로 투자할 방침이다. 중대형 위성부터 초소형 위성(SAR)까지 포트폴리오를 확대하는 동시에 재사용 발사체, 무인 항행 기술 등을 갖춰나갈 계획이다. KAI는 글로벌 우주 시장에 진출하기 위해 해외 우주·항공 기업과 부품 공급을 협상 중이다. KAI는 2030년 무인기로만 국내 점유율 46%, 매출 7,140억 원을 내겠다는 목표도 내놨다. 하지만 경영진의 관료화가 있어 글로벌 시장에서의 경영전략과 빠른 기업시스템의 대응이 가능할지 의문이 된다. 항공산업의 유일한 대표기업으로 우주항공방산을 위한 모든 조건을 갖추고 있는 기업이다. 글로벌 기업으로 성장과 우주산업의 주도적 역할이 기대된다.

KAI가 과학기술정보통신부의 차세대 발사체 사업에 입찰하지 않자 우주사업의 추진 속도를 늦추는 것이 아닌가 하는 우려도 있지만, KAI 관계자는 '차세대 발사체 사업에 들인 비용을 회수하기 어렵다고 판단해 입찰하지 않은 것'이라며 '주관사가 아니라 사업에 참여하는 방식으로 기여할 것'이라고 했다. 우주 시장을 바라보는 한계에 대한 우려가 생기는 이유이기도 하다. 방산, 항공 사업이 주력이던 한국항공우주산업(KAI)이 우주산업을 미래 핵심 사업으로 선정하고 진행하고 있다. 2032년 우주 분야에서 매출 1조 4,000억 원을 올리고, 누적 수주 9조 6,000억 원을 달성하겠다는 목표를 달성하길 기대한다.

현대로템은 1994년부터 소형 엔진 개발 참여를 시작으로 우주산업을 시작했다. 당시 한국항공우주연구원(이하 항우연)에서 진행한 국내 최초의 액체 추진 로켓(KSR-Ⅲ) 사업에 참여해 엔진 개발, 발사체 조립 등의 역할을 수행했다.

차세대 발사체 체계종합기업 선정 등을 시작으로 달 탐사 2단계 사업 등이 본격화되면서 우주개발 성장성 등이 가속하는 것이 기업의 입장이다. 폴란드 현지에서 개발 중인 K2 PL 전차가 2026년부터 폴란드 현지에서 생산이 이뤄지게 되면 폴란드 육군의 작전 능력을 강화할 수 있을 뿐만 아니라, 폴란드 경제 전체를 포함한 전체 폴란드 무기 산업

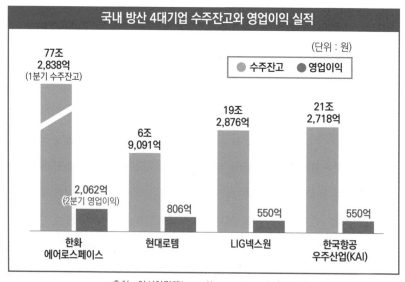

출처 : 아시아경제(https://www.asiae.co.kr/article/2024061709522903876)

에 새로운 역량을 구축할 기회로 다양한 사업 분야에서 기대를 하고 있다. 하지만 기업 규모와 진행 중 사업 분야를 타 기업과 비교하면 전략적 로드맵이 조금 더 선명하고 방향성도 구체화해야 할 필요가 있다.

우주 관광을 실현하는 7개 회사

우주여행이라는 주제는 늘 사람들의 관심을 끈다. 따라서 우주 관광 산업 내에서 활동에 참여하는 비즈니스가 증가하고 있다. 언젠가 민간 우주비행사로 우주를 방문하기를 희망하는 사람들에게 다음 회사는 그 꿈을 이룰 수 있는 가장 좋은 기회를 제공할 수 있을 것이다.

① 버진 갤럭틱(Virgin Galactic)

버진 그룹(Virgin Group)의 자회사인 버진 갤럭틱 우주 관광 회사는 유료 고객에게 정기적인 준궤도 우주 비행을 제공하는 것을 목표로 한다. 현재 우주선인 VSS 유니티(VSS Unity)는 2018년 12월 테스트 과정의 하나로 우주에 진입했다. 이것은 정기적인 상업 우주 비행의 실현 가능성을 더 크게 만들었다.

이 회사는 이미 우주 관광객이 되고자 하는 사람들의 많은 대기자 명단을 보유하고 있다. 이 명단에 이름을 올리려면 20만 파운드(약 3.6억 원)의 초기 보증금이 필요다. 버진 갤럭틱은 여러 번의 지연과 2014년 VSS 엔터프라이즈 우주선의 비행 중 손실을 포함해 문제가 전혀 없었던 것은 아니다.

② 스페이스X(SpaceX)

스페이스X는 이미 우주 비행 발사에 대한 경험이 풍부하며 우주 관광 시류에 합류하기를 희망한다. 이 분야의 대부분의 다른 회사와 달리 관광 및 지구 궤도 너머로 확장되는 다른 형태의 우주여행을 우선시한다. 2017년, 이 회사의 설립자인 일론 머스크는 첫 달 관광 임무를 위해 두 명의 유료 고객을 달 주위 여행에 보낼 계획이라고 발표했다. 이 임무는 원래 2018년에 계획되었지만 이후 연기되었다. 스페이스X는 아직 달 여행에 대한 가격 전략이나 대기자 명단을 공개하지 않았다.

③ 블루오리진(Blue Origin)

현재까지 블루오리진은 준궤도 우주여행 관광 측면에서 버진 갤럭틱의 주요 경쟁자였다. 그들의 제안은 수직으로 이착륙하는 뉴 셰퍼드(New Shepard)로 알려진 보다 전통적인 로켓을 기반으로 한다. 블루오리진의 목표는 궤도 우주 비행을 구축하는 것이다. 버진 갤럭틱과 마찬가지로, 이 우주 관광 회사는 여러 차례 시험 비행을 수행했으며, 곧 유료 승객을 우주로 보낼 계획이다. 버진 갤럭틱과 달리 그들은 티켓을 위해 돈을 받기 시작하지 않았다. 그들의 계획에는 각 항공편에 최대 6명의 승객을 태우고 무중력 공중제비를 할 수 있는 공간이 포함된다.

④ 오리온 스팬(Orion Span)

오리온 스팬은 오로라 우주 정거장(Aurora Space Station)이라고 불리는 민간 상업 우주 정거장에 대한 계획을 발표한 미국의 우주여행 회사다. 이것은 지구 저궤도에 배치되어 한 번에 최대 6명의 우주 관광객을 수용할 수 있는 우주 호텔로 효과적으로 기능할 것이다. 계획은 아직 잠정 단계에 있지만, 회사는 이미 몇 달에 호텔 예약을 매진시켰다. 우주 호텔 예약의 총비용은 700만 파운드 이상이다. 현재 오리온 스팬은 오로라 우주 정거장에서 첫 유료 손님을 맞이하기를 희망하고 있다.

⑤ 보잉(Boeing Company)

보잉 컴퍼니는 상업 승무원 개발 프로그램의 하나로 NASA와 계약을 체결하면서 우주 관광 산업의 주요 업체로 부상했다. 이 프로그램은 궤도에 진입할 승무원 차량을 생산하는 데 민간 부문 기업의 참여를 늘리기 위해 고안되었다. 계약의 하나로 보잉은 보잉 CST-100 스타라이너(Boeing CST-100 Starliner)라는 승무원 캡슐을 개발하기 시작했다. 결정적으로 NASA와의 계약을 통해 우주 관광객에게 좌석을 판매할 수 있으며, 각 미래 우주 임무에 최소한 한 명의 우주 관광객이 참여할 것이라는 아이디어다.

⑥ 스페이스 어드벤처스(Space Adventures)

1998년에 설립된 스페이스 어드벤처스는 미국 버지니아주 비엔나에 본사를 둔 우주 관광 회사다. 에릭 C. 앤더슨(Eric C. Anderson)은 이 회사를 설립했다. 이미 궤도 우주 비행, 무중력 비행 및 우주비행사 훈련 프로그램을 즐긴 고객 목록을 작성했다. 스페이스 어드벤처스는 발사 투어와 우주 유영 훈련 활동을 제공한다. 그 중의 다수는 러시아에서 진행된다. 그들은 계획된 미래의 준궤도 비행과 달 궤도를 돌기 위한 임무에 대한 예약을 받았다. 스페이스 어드벤처스는 또한 미래의 국제 우주 정거장(ISS) 여행에 관심이 있는 사람들을 찾고 있다.

⑦ 제로 2 인피니티(Zero 2 Infinity)

제로 2 인피니티는 스페인 바르셀로나에 본사를 둔 우주항공 회사다. 2009년에 설립된 이 회사는 기후 친화적인 접근 방식으로 유명하며, 발사 시스템은 풍선 기술을 활용해 일반적으로 우주 관광과 관련된 탄소 배출량을 줄인다고 한다. 과학적 테스트 및 기상 활동을 수행하는 것 외에도 이 회사는 풍선에 실린 무공해 우주선을 사용해 우주 관광객을 가까운 우주로 보낼 계획이다. 승객 4명과 조종사 2명, 승무원 6명을 각 항공기에 실어 우주로 향할 예정이다.

주목받는 글로벌 기업

아이스페이스(Ispace)

아르테미스 프로그램, 달 탐사 캠페인의 기여에 대한 미국과 일본 간의 합의는 일본 달 착륙선 개발자에게 추가적인 기회를 창출할 수 있다. 도쿄에 본사를 둔 아이스페이스는 NASA와 일본 정부가 아르테미스 프로그램의 역할에 대해 합의한 내용을 인용해 아르테미스의 잠재적인 새로운 시장으로 꼽았다. 이 계약에 따라 일본 우주국 JAXA(우주항공연구개발기구 : Japan Aerospace eXploration Agency)는 2030년대 초반부터 아르테미스 프로그램을 위한 가압 탐사선을 제공할 예정이다. NASA는 JAXA 우주비행사를 위한 아르테미스 착륙 임무에 2개의 좌석을 포함한다.

아르테미스 프로그램에 대한 계약은 우리가 여러 국가의 정부와 협력하고 이바지할 수 있는 매우 긍정적인 비즈니스 환경을 조성했다. 이 협정이 아이스페이스가 개발하고 있는 소형 로봇 달 착륙선에 대한 수요를 창출할 것이라고 주장했다. 소형 착륙선을 이용한 많은 과학 탐사 및 기술 시범 임무가 필요하고 유인 임무가 시작되면 소형 착륙선을 활용한 추가 임무도 필요할 것이다. 이 회사는 현재 일본과 미국에서 3개의 착륙선을 개발 중이다. 2023년 4월 착륙을 시도하다 추락한 HAKUTO-R M1 착륙선의 복제품인 미션 2 또는 M2 착륙선이 거의 완성 단계에 있다. 미국 자회사인 Ispace U.S.는 2026년 NASA의 상업용 달 탑재체 서비스 임무를 위해 일본에서는 아이스페이스가 일본 정부 보조금의 지원을 받아 2027년 M6 임무에 착수할 시리즈 3 착륙선 설계를 시작했다.

아이스페이스의 최고재무책임자(CFO)인 노자키 점페이(Jumpei Nozaki)는 "착륙선 개발을 위한 막대한 R&D 비용으로 인해 순손실을 기록할 것으로 예상되기 때문에 재무 건전성을 개선하기 위해 자기자본 완충 장치를 유지하는 것이 중요하다는 결론을 내렸다"며 회사가 주식 매각과 대출을 통해 자금을 조달한 이유를 설명했다. 2024년 3월에 끝나는 회계연도에 23억 6,000만 엔의 순매출을 보고했다. 순손실은 23억 7,000만 엔을 기록했다. 2025년 3월에 끝나는 현 회계연도에 대해 40억 3,000만 엔의 순매출로, 거의 125억 엔에 달하는 훨씬 더 큰 손실을 예상하고 있다.

바이올렛랩스(Violet Labs)

록히드 마틴은 광학 기술에 대한 더 많은 정부 계약을 성사하기 위해 내년에 2,000만 달러를 투자할 계획이다. 그 계획 중 하나로 입찰 기회가 있을 때 회사 내에서 트래픽을 더 잘 유도하기 위해 광학 페이로드 우수 센터(Optical Payload Center of Excellence)를 만들고 있다.

새로운 센터는 캘리포니아주 팔로알토에 있는 록히드의 스타 랩스(Star Labs) 시설에 있는 75㎡의 새로운 실험실 공간을 차지할 예정이다. 이 시설은 이전에 첨단기술 센터(Advanced Technology Center)로 알려졌으며 약 600명의 직원을 정규직으로 고용하고 있다. 새로운 광학 페이로드 센터는 아직 선정되지 않은 이사에 의해 관리될 것이라고 록히드 대변인 마크 루이스(Mark Lewis)가 밝혔다. 이 이사의 임무는 록히드의 우주 사업의 다양한 부문(특히 기밀 및 비분류)이 광학 분야에서 다른 부문이 무엇을 하고 있는지 알 수 있도록 하는 것이다.

데이터와 분석을 병합하는 플랫폼 공개해 플래닛(Planet)은 지구 관측 데이터 세트와 센티넬 허브(Sentinel Hub) 클라우드 기반 분석 및 도구를 병합하는 플랫폼을 공개했다. 프랜트 인사이드 플랫폼(Planet Insights Platform)은 정부 및 상업 고객이 데이터를 신속하게 분석, 스트리밍 및 배포할 수 있도록 설계되었다.

플래닛의 제품 및 소프트웨어 엔지니어링 담당 수석 부사장인 트로이 토만(Troy Toman)은 성명을 통해 "지구 관측 데이터의 힘을 활용하는 데 있어 기존의 장벽을 허무는 동시에 파트너가 솔루션을 더 쉽게 구축하고 고객이 필요한 답변을 얻을 수 있도록 하는 미래의 최첨단 기능을 위한 기반을 마련한다"라고 밝혔다.

플래닛은 2023년 샌프란시스코에 본사를 둔 슬로베니아 스타트업 시너지스 랩스(Sinergise Labs)를 인수하면서 센티넬 허브를 확보했다.

플래닛랩스(Planet Labs)

태평양 해양 감시를 위한 미 해군 계약 체결하고 태평양 해군 정보전 센터(Naval Information Warfare Center Pacific)의 선박 탐지 및 모니터링에 사용될 예정이다.

이 프로젝트를 위해 Planet은 인공지능(AI) 및 위성 이미지를 사용해 고객에게 실행할 수 있는 인텔리전스를 제공하는 데이터 분석 회사인 심맥스(SynMax)와 협력할 것이다.

회사 측은 '플래그십 플래닛 스코프(Planet Scope) 위성군을 기반으로 하는 플래닛의 일일 글로벌 커버리지는 광역 관리에 매우 적합하며, 씨비전 플랫폼에 수백만 제곱킬로미터의 해양 지역에 대한 포괄적이고 시기적절한 보기를 제공할 것'이라고 밝혔다. 캘리포니아주 샌프란시스코에 본사를 둔 플래닛랩스는 매일 지구 전체의 이미지를 캡처하는 200개 이상의 지구 관측 위성을 운영하고 있다. 전년 대비 15% 증가한 2억 2,070만 달러의 연간 매출을 기록했고, 고객사 수가 1,000개를 돌파했다.

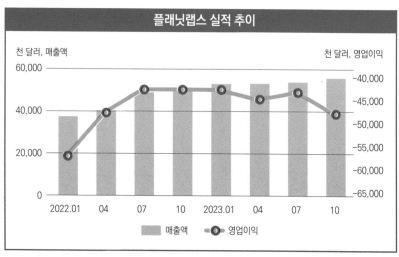

플래닛랩스 실적 추이

천 달러, 매출액

천 달러, 영업이익

매출액 ■■■ 영업이익

출처 : 매일경제(https://www.mk.co.kr/news/stock/10977192)

로켓랩(Rocket Lab)

로켓랩(Rocket Lab)은 최근 18개의 위성을 제작하는 5억 1,500만 달러 계약 체결하는 실적을 올렸다. 2026년과 2027년에 발사될 예정인 트랜스포트 레이어 트랜치 2 베타 위성은 군사 및 정보 부대가 음성 및 저속 데이터 전송에 의존하는 UHF(초고주파) 및 S-밴드 주파수를 사용해 라디오를 전송할 것이다. 약 18개의 위성을 추가로 계약하는 것을 고려하고 있으며, 이를 위해 제3의 공급업체와 협력하고 있다. 로켓랩에 따르면 2027년으로 예정된 발사를 위해 우주선을 인도하고, 2030년까지 위성을 운영하며, 2033년까지 위성을 운영할 수 있는 옵션과 함께 계약에 따른 작업이 즉시 시작된다고 한다.

캘리포니아주 롱비치에 본사를 둔 로켓랩은 뉴질랜드와 버지니아의 우주기지에서 작동하는 일렉트론(Electron) 로켓을 통해 소형 위성 발사 서비스를 전문으로 한다. 2025년에 데뷔할 예정인 중성자(Neutron)라는 더 큰 로켓을 개발 중이다. 또한 정부 및 상업 고객을 위한 부품과 우주선을 제조하는 급성장하는 스페이스 시스템(Space Systems) 사업을 운영하고 있다. SDA(미국 우주개발국 : Space Development Agency) 외의 계약은 로켓랩의 위성 운영 사상 최대 규모가 될 것이다. 2019년에 포톤(Photon) 위성 라인을 출시했다. 2022년에는 미국 국방 및 정보 시장에 중점을 둔 국가 안보 자회사를 설립했다. 2022년 로켓랩은 1,400만 달러 상당의 우주개발국 위성용 분리 시스템 제공 계약 2건을 수주했다. 분리 시스템은 위성을 로켓에 부착하고 로켓이 의도한 궤도에 도달하면 우주로 방출하는 인터페이스다.

분리 시스템은 록히드 마틴과 SDA에 위성을 공급하는 또 다른 비공개 제조업체가 만든 84개의 위성을 위한 것이다. 로켓랩은 2020년에 첫 번째 포톤 위성을 발사했다. CEO인 피터 벡(Peter Beck)은 이 우주선이 여러 유형의 탑재체를 수용할 수 있는 '일괄 발주' 저비용 위성 플랫폼에 대한 수요를 충족시키기 위해 설계되었다.

에어로스페이스랩(Aerospace lab)

6년 된 유럽의 소형 위성 제조업체인 에어로스페이스 랩(Aerospace lab)은 40년 이상 우주선과 지상 망원경에 광학 장치를 공급해 온 벨기에 회사인 아모스(AMOS : Amos Advanced Materials & Optics Systems)를 인수했다. 아모스는 유럽 우주 기관 ESA의 주요 우주 프로젝트에 참여해 핵심 광학 부품 및 장비를 제공하는 등 중요한 역할을 해왔다. 이를 통해 유럽 우주개발 분야에서 주요 기술 공헌을 해왔다고 볼 수 있는 관측 위성 프로그램을 위한 다중 스펙트럼 장비 제공 등의 우주 프로젝트를 진행했다. 지구 관측 위성은 우리가 지구의 상태와 변화를 측정하고 이해하는 데 도움을 주는 중요한 도구다. 이러한 위성들은 다양한 종류의 데이터를 수집해 지구의 대기, 해양, 토지 등 다양한 부분을 모니터링한다. 대표적인 지구 관측 위성 중 하나는 NOAA(National Oceanic and Atmospheric Administration)가 운영하는 국제 기상위성이다. 이 위성은 대기의 온도, 습도, 구름 형태 등을 측정해 정확한 기상 예보를 제공하는 데 사용된다.

이 외에도 NASA에서 운영하는 랜드샛(LANDSAT : 미국의 지구자원 탐사위성)위성은 지구의 토지 사용과 변화를 추적하기 위해 사용된다. 독일의 스타트업 비요마(Vyoma)는 벨기에 벤처 기업인 에어로스페이스랩을 우주 쓰레기 모니터링 위성군을 위한 두 번째 소형 위성을 제작하기로 했다. 60kg의 플라밍고 2호 우주선은 2025년 말부터 지구 저궤도로 발사될 예정이며, 4년 된 우주 상황 인식(SSA)으로 LEO와 정지궤도의 잔해를 추적하는 데 도움을 줄 것이라고 발표했다. 이 임무는 소형 위성 비요마(Vyoma)의 발사에 뒤이은 것으로, 불가리아의 8년 된 큐브샛 전문업체인 엔듀로샛(Enduro Sat)이 주문한 플라밍고 1(Flamingo 1)이라는 이름의 발사 예정이다.

비요마는 스페이스 뉴스와의 인터뷰에서 엔듀로샛의 두 번째 위성 발사 계획은 아직 진행하지 않았다고 밝혔다. 루이사 부이냐스(Luisa Buinhas) 비요마 최고 프로그램책임자(CDO)는 "전반적으로 감시 위성군이 늘어남에 따라 더 안전하고 보안이 강화되는 우주 환경이 조성될 것"이라며 "정보 담당자와 운영자가 효과적인 작전 결정을 내릴 수 있도록 힘을 실어줄 것"이라고 말했다. 계획된 12개의 위성 별자리의 일부인 비요마는 처음 두 개의 플라밍고에는 LEO에서 10cm의 작은 물체를 수동적으로 추적하고 분류할 수 있는 광학 망원경이 있다.

후속 위성을 통해 우리는 몇 cm의 작은 물체를 추적하고 분류할 수 있을 것이다. 이러한 관측은 비요마가 지상 기반 센서의 타사 네트워크를 통해 유럽 방위 고객에게 제공하는 우주상황인식(SSA : Space Situational Awareness) 데이터를 보완할 것이다. 이 데이터는 전용 추적을 통해 약 6cm까지 LEO 물체를 관찰할 수 있지만, 맑은 대기 조건에서만 가능하다. 우주상황 인식은 우주에 있는 물체를 추적, 식별하고, 궤도를 설정한 후, 물체가 작동하는 환경을 이해하며, 물체의 미래 위치와 활동에 대한 위협을 예측할 수 있다. 기동을 가능하게 하기 위해 데이터 물체 간의 결합을 예측하고 우주 운영자에게 잠재적으로 위험한 근접 접근을 경고하는 데 사용된다. 우주 상황 인식(SSA) 세계 시장은 2030년에는 17억 달러에 달할 것으로 예측되며, 2022년부터 2030년까지 CAGR 4.6%로 성장할 것으로 전망한다.

에어로스페이스랩 위성이 별자리의 관측 빈도를 개선해 우주물체 대부분에 대해 평균 3시간의 대기 시간을 달성할 것이다. 에어로스페이스 랩의 설립자이자 CEO인 브누아 데퍼(Benoit Deper)는 이 위성이 브뤼셀 근처의 모넷 센터(Monnet Center) 시설에 건설될 것이라고 말했는데, 그곳은 매년 24개의 우주선을 생산하도록 설계되었다. 에어로스페이스랩은 미국에 제조 시설을 건설할 계획과 더불어 벨기에에 연간 500개의 위성을 생산할 수 있는 '메가팩토리'를 설립할 계획이다. 최근 벨기에의 우주선 광학 전문업체인 아모스(AMOS)를 인수했지만, 광학 페이로드는 지구 관측 임무를 위해 지상의 지점이 아닌 우주를 향하고 있다.

발사체 기업의 화려한 약진

2017년 설립한 이노스페이스는 2023년 3월 국내 민간기업 최초 '한빛-TLV' 시험발사 성공으로 우주기술 이력을 쌓으면서 글로벌 시장에서 우주 수송 사업화 잠재력을 입증했다. 최근에는 해외 고객으로부터 '한빛' 우주 발사체로 4건의 다중 발사 서비스 수주 성과를 창출해 우주 시장 진입에 속도를 내고 있다. 국내외 기관 총 2,159개사가 참여해 경쟁률 598.87 대 1을 기록했고, 최종 공모가는 희망 밴드 상단인 4만 3,300원으로 확정했다.

이노스페이스는 상장 이후 확보한 자금을 발사체 생산 내재화를 위한 설비 확충, 발사체 경량화 및 재사용성을 위한 연구개발 강화, 해외 시장 판로 확보, 우수인력 유치 등에 활용할 계획이다. 이는 다중 발사 운용을 위한 양산 기반 확충 및 사업 분야 확장의 기틀을 마련해 향후 회사의 지속 성장에 기여할 것으로 기대한다. 우주산업에 현재까지는 '공급자 절대 우위' 상황에서 이미 계약이 확정된 4건을 비롯해 총 41건의 신규 발사 계약을 협의하고, 2025년 흑자 전환을 하겠다고 발표는 하고 있지만, 발사체 시장이 글로벌한 경쟁력을 가지는 것은 많은 어려움이 있는 것도 현실이다. 전 세계의 소형 발사체 기업은 약 49개로 파악되며, 중국 기업을 제외하면 소형 발사체를 이용한 상업 발사 서비스하는 실질적인 기업은 로켓랩(Rocket Lab)이 유일하기 때문이다.

페리지에어로스페이스는 초소형 인공위성 발사체 로켓 '블루웨일'의 제조 및 공급 기술을 보유하고 있다. 60kg을 우주로 보낼 수 있는 발사체 개발을 완료했다. 재사용이 가능한 새로운 모델도 성공적으로 개발 중이다. 200kg 이하 인공위성을 지구 상공 저궤도(500km 안팎)로 수송하는 것을 목표로 하고 있다. 로켓 무게를 줄이고 재사용률을 높이면서 발사 비용을 줄이는 것이 관건이다. 소형 위성 발사 수요는 매년 두 배 가까이 증가하고 있지만, 위성을 보낼 로켓 사업자는 소수에 불과하다는 것이 기대 요인이다. 나라스페이스와 페리지에어로스페이스의 누적 투자 유치금액은 각각 335억 원과 570억 원에 달해 이노스페이스를 뛰어넘는 수준이다.

누적 투자 유치금액이 405억 원에 달하는 인공위성 스타트업 '루미르'도 코스닥 상장을 준비 중이다. 인공위성 국산화·소형화를 적극적으로 추진하는 루미르는 위성 제조, 설계, 실험 역량을 모두 보유하고 있다. 2023년에 발사된 누리호에도 소형 큐브위성을 실어보냈으며, 비콘 신호 교신에도 성공했다. 소형 인공위성 외에도 다양한 분야에서 우주산업에 도전하는 스타트업들이 속속 나타나고 있다.

우나스텔라는 2022년 2월 설립된 한국에서 최초로 유인 발사체 개발에 나선 스타트업이다. 6명이 탑승해 고도 100km 이상의 준궤도 우주여행 서비스를 제공할 수 있는 발사체를 만들고 있다. 더브이씨(THE VC)에 따르면 우나스텔라는 팁스, 에트리홀딩스, 하나벤처스 등 국내와 9개 사로부터 5건의 투자를 이미 유치했다.

2023년 시리즈 A 투자 유치에 성공한 스페이스린텍은 국내에서 생소한 '우주 제약' 산업을 개척하고 있다. 위성·우주 정거장의 미세중력 환경에서만 제조가 가능한 신약 연구와 생산 기술을 보유하고 있다.

한편, 글로벌 시장 조사 기업 스트레이트 리치에 따르면 글로벌 인공위성 시장은 2021년 기준인 77억 달러(약 10조 5,000억 원) 규모로, 연평균 7% 성장해 2030년 137억 달러까지 커질 전망이다.

국내 발사체는 누리호 프로젝트를 진행하면서 밸류체인을 형성해가고 있다. 설계, 제작, 시험, 발사 운용 등 모든 과정이 국내 기술로 진행된 누리호는 한국 우주기술의 집약체다. 궤도에 탑재체인 위성 모사체(더미 위성)를 올려놓지 못한 탓에 이번 1차 발사가 완벽한 성공으로 마무리되지는 않았다. 한국에 우주 관련 산업 생태계를 성장·안착시키고 '민간 우주시대'를 여는 데 중요한 마중물이 될 전망이다. 누리호 프로젝트는 시작 단계부터 국내 산업체 육성을 지원하고 '자주적 우주산업 생태계'를 형성하겠다는 계획이다. 이번 프로젝트에는 국내 민간기업 총 300여 곳에서 500여 명이 참여한다. 사업비의 80% 정도인 약 1조 5,000억 원 규모라고 한다.

발사체, 우리는 지금(차세대 발사체 중심으로)

최근 미국과 중국 등 우주 선진국들은 인간 협력을 우주기술의 중요한 혁신 수단으로 인식하고 있다. 특히 테슬라의 CEO 일론 머스크가 세운 민간 우주기업인 스페이스X는 미국 항공우주국, NASA와의 협력을 통해서 지속해서 기술을 성장시키고 있다. 스페이스X는 세계 최초로 로켓의 1단부터 수직 이착륙을 성공시켜서 발사체 재사용 열면서 민간기업이 미국의 NASA나 러시아에서도 성공하지 못한 일을 해냈다. 이제는 쏘아 올리는 것이 다가 아니라 다시 스스로 귀환할 수 있어야 한다. 스페이스X의 대표적인 발사체 팰컨-9의 1단은 2단과 분리된 뒤에 진행 방향을 정반대로 틀어서 속도를 줄이고, 마치 체조선수가 착지하는 것처럼 육지나 해상에 있는 바지선에 사뿐히 내려앉는다. 발사체의 방향을 좌우하는 유도 항법 제어 그리고 방향을 180도 바꾸는 역추진 분사 또 재전화 추격 제어 등의 고난도 기술이 한 치의 오차도 없이 딱 맞아떨어져야 가능하다.

발사체의 재사용 기술은 스페이스X를 현재의 위치에 올려놓은 기반이자 전 세계 발사체 시장의 판도를 바꾸는 계기가 되었다. 스페이스X는 사람을 실어나를 수 있는 대형 우주선 스타십을 끊임없이 발전시켜 가면서 달을 향한 도전을 이어가고 있고 화성 탐사까지 계획하고 있다. 스페이스X를 이끄는 일론 머스크는 지난 2016년 화성에 사람이 거주 가능한 도시를 건설해 인류가 화성으로 이주할 수 있도록 한다는 식민지화 계획을 발표해 언론의 스포트라이트를 받았다. 최종적으로 2050년에는 100만 명을 화성에 이주시킨다는 계획이다. 화성의 식민지화를 시작으로 인류의 '다행성 종족화'를 실현하겠다는 것이 그의 꿈이다. 언론은 그의 주장에 기대를 가지기보다는 황당무계하다고 봤다. 머스크를 21세기 돈키호테로 비유하는 곳들도 있었다. 스타십은 '100만 명 거주 화성도시 건설'이라는 머스크의 꿈을 실현하기 위한 핵심 도구가 될 전망이다. 단순한 유인 탐사선이 아닌 우주를 오갈 수 있는 '여객선'에 가깝기 때문이다. 머스크 또한 스타십을 단순한 'Space Craft'가 아닌 'Space Ship'으로 지칭하며 여객선의 성격을 강조하고 있다.

세계 각국이 우주 경쟁 시대로 들어서면서 특히나 기술 개발에 박차를 가하는 것이 있는데, 바로 발사체다. 발사체는 우주항공의 고난도 기술의 집합체라고 불리는 분야고 국가 안보와 같은 여러 가지 이유로 국가 간의 기술을 공개하지 않고 있다.

그렇기 때문에 발사체를 독자적으로 제작하고 우주로 발사까지 할 수 있는 역량을 가진 나라 전 세계에서 정말 손에 꼽을 정도로 적다. 우리나라도 우주개발을 우리 기술로 해내겠다는 의지로 나로호, 누리호를 만들었다. 현재 우리나라가 보유한 발사체 중에서 최고 성능인 누리호로는 아직 탐사선을 달까지 보낼 수는 없다. 누리호보다 크기와 성능, 규모 면에서 더 업그레이드된 발사체가 필요하다. 미래의 우주로 나아가기 위해 기술이 적용될 발사체는 진행 중인 차세대 발사체다. 우리나라도 2022년부터 차세대 발사체 개발사업을 통해서 지금보다 더 복잡하고 더 강력한 성능을 가진 발사체 개발에 열을 가하고 있다.

차세대 발사체는 달이나 화성으로 가는 궤도상에 1톤 이상의 탐사선을 실을 수 있기 때문에 우리가 우주를 독자적으로 탐사할 수 있는 길이 열리는 아주 중요한 열쇠라고 볼 수 있다. 본격적인 우주 경쟁을 위해서 우리나라가 개발하고 있는 이 차세대 발사체는 어떤 기술을 가지고 있을까?

더 무거운 탐사선을 싣고 더 멀리까지 도달하기 위해서 가장 중요한 기술은 엔진 개발이다. 누리호를 먼저 살펴보면 누리호 일단은 75톤급 엔진 4기로 구성된 300톤급이다. 차세대 발사체는 1단이 100톤급 엔진 다섯 개로 구성된 500톤급으로 계획되었다. 발사체가 우주까지 도달하기 위해서는 중력을 이겨내는 어마어마한 힘이 필요하다. 그 힘을 추력이라고 한다. 누리호는 적외도라 불리는 고도 $200km$를 기준으로 약 3톤의 인공위성을 올릴 수 있다. 차세대 발사체는 같은 고도의 약 10톤 무게의 인공위성을 올리는 것이 가능하다.

우주 환경과 같이 실제 지구와는 다른 조건의 환경을 모사해서 수천 번의 실험을 통해 검증해야 한다. 또 하나의 중요한 기술은 클러스터링 기술이다. 엔진 다섯 개를 배열해서 동시에 연료를 태워서 내뿜으며 추력을 내는데 발사체의 균형을 위해서 이 다섯 개의 엔진이 마치 하나의 엔진처럼 작동하도록 추력의 균형을 잡는 기술을 말한다. 누리호 때는 4개의 엔진을 클러스터링했는데 차세대 발사체는 다섯 개를 해야 한다.

배관을 비롯한 각종 요소의 구성이 복잡해지고 제어하는 것도 훨씬 어려울 것이다. 발사체의 전체적인 구조를 간단히 살펴보면, 누리호는 1단과 2단, 3단 총 3단으로 되어 있다. 차세대 발사체는 2단으로 구성되어 있는데, 이렇게 단을 분리해 설계되는 이유는 간단하다. 연료를 거의 다 쓴 상태에서도 계속 무거운 엔진과 연료통을 가지고 우주로 날아간다면 비효율적이기 때문이다.

차세대 발사체는 누리호보다 단수가 하나 적어서 그런 변수를 줄일 수 있다. 구성품이 적어지는 만큼 제작 단가도 더 낮아지게 된다. 제작 일정도 단축할 수 있다.

차세대 발사체 엔진 기술로는 다단 연소 사이클 방식이 적용될 예정이다. 일반적인 가스 발생기 엔진의 경우에 연료 비율이 높은 연료 과잉 가스를 만들어서 그곳으로 터빈을 돌린다. 그 후에 그 배기가스를 그냥 밖으로 내보낸다. 다단 연소 사이클 엔진은 서브 펌프를 통과한 배기가스를 재활용할 수 있는 엔진이다.

산화제는 연료를 태울 수 있는 산소이고, 이 산화제와 일부 연료를 예연소기(프리버너)라는 곳으로 보내서 산화제 비율이 높은 산화제 과잉 가스를 만든다. 이것으로 터빈을 돌려주고 그 터빈을 돌린 배기가스를 밖으로 그냥 내보내는 게 아니라 다시 연소기로 보내와서 남은 산화제를 다시 연료와 연소하도록 재활용하면서 효율을 높이는 기술이다. 연소 사이클 엔진은 기존 누리호에 쓰인 가스 발생기 사이클 엔진과 비교하면 발생 압력이 2, 5배 정도로 높아져서 추력이 향상된다. 다단 연소 사이클 엔진은 현재까지 알려진 우주 발사체 기술 가운데 가장 고난도 기술 중 하나로 평가된다. 우리나라는 2019년부터 한국항공우주연구원이 주도해서 기초 연구를 진행 중이다. 현재 본격적인 개발에 착수해서 최종적으로는 차세대 발사체에 적용될 예정이다. 이 외에도 차세대 발사체의 상단과 일단 엔진에는 추력 조절과 재점화 기술이 적용된다.

재점화 기술은 엔진의 연소가 종료된 다음에 다시 엔진을 점화해서 재작동시키는 기능이다. 발사체 상단 엔진에 한 번 점화만 가능하다면 처음 계획한 하나의 궤도에 대한 임무만 수행할 수 있다. 하지만 재점화 기술을 적용하면 우주 발사체가 각기 다른 여러 개도에 위성을 올려 놓는 것과 같이 다중의 임무를 수행할 수 있다. 발사체 일단을 회수해서 재사용하게 되면 발사 비용이 획기적으로 줄어든다. 발사체의 단 분리가 성공적으로 이뤄져도 발사체에 실은 인공위성이나 탐사선이 지정된 곳으로 정확하게 가지 못한다면 아무 소용이 없다. 목표 지점에 정확하게 도달하기 위해서 이 내부와 외부의 데이터를 수집하고 이 데이터를 토대로 제어를 해야 한다.

항공기, 우주선, 인공위성에 사용되는 전자장비나 시스템을 통칭하는 단어가 에비오닉스이다. 항법 장치, 통신 장치, 센서 이런 것들이 모두 에비오닉스에 해당된다. 외부의 환경이 변화해도 목표 지점까지 도달할 수 있도록 돕는 역할을 한다. 정확한 고도와 속도로 발사체에 실은 위성을 분리해서 목표 궤도에 안착시켜야만 발사체는 성공적으로 그 임무를 마칠 수 있는 것이다. 발사체의 완벽한 제어를 위해서 2028년까지 가격 경쟁력을 갖춘 차세대 에비오닉스를 개발할 예정이다.

우리도 1톤 이상의 위성을 탑재할 수 있는 자체 우주 발사체를 보유한 일곱 번째 국가로 기록되었다. 하지만 발사체를 재사용하기 위한 기술 개발은 지금까지도 계속되고 있다. 차세대 발사체는 2030년 1차 발사가 예정되어 있고, 2031년 2차 발사를 거쳐서 2032년에는 달 착륙선을 싣고 3차 발사를 통해 달까지 향할 계획이다. 이후에 차세대 발사체는 달과 화성 같은 우주 탐사 외에도 누리호로는 어려웠던 한국형 항법 위성과 같은 정지궤도, 대형 위성 수송 임무 그리고 다중 궤도 수송 임무 등에도 다양하게 활용될 예정이다.

위성을 통한 새로운 기회

나노에비션스(NanoAvionics)는 약 10kg에서 220kg에 이르는 위성을 생산한다. 회사가 더 큰 우주선을 만들고 발사하는 비용이 감소함에 따라 더 큰 우주선을 만드는 방향으로 나아가고 있다. 상업 고객과 정부 프로그램 모두를 위해 여러 별자리 타당성 조사를 진행하고 있다. 위성 군은 수십 개에서 수백 개에 이르며, 2022년 동안 총 66개의 소형 위성을 작업했다.

저궤도(LEO) 광대역 네트워크는 고객이 사용자 단말기에서 기대하는 것을 변화시켰으며, 여기에는 단말기의 모양, 비용, 설정하는 데 필요한 작업량 등이 포함된다. 유로컨설트(Euroconsult)의 분석에 따르면 스페이스X의 스타링크(Starlink) 위성군이 시장에 용량을 쏟아부은 이후 5년 동안 데이터 서비스를 위한 위성 대역폭 가격이 77% 하락했다. 유로컨설트의 선임 컨설턴트 그레이스 카누자(Grace Khanuja)는 위성 사업자가

2023년에 1초당 메가비트 기준, 1시간에 평균 260달러의 사용자당 수익(ARPU)을 얻을 것으로 전망된다.

스페이스X는 2019년 공격적인 발사 캠페인을 시작한 후 지구 저궤도에 5,400개 이상의 스타링크 광대역 위성을 보유하고 있다. 최근 규제당국에 전 세계적으로 220만 명의 스타링크 고객을 보유하고 있으며, 그중 59%가 미국에 있다. 스타링크는 2023년에 데이터 시장에 초당 25~26 TBit(테라비트)의 위성 용량을 추가했다. 미국의 휴즈 네트워크 시스템즈(Hughes Network Systems)와 프랑스의 유텔샛(Eutelsat)과 같은 정지궤도 통신사의 고 처리량 위성(HTS)도 같은 정도는 아니지만 공급 과잉에 기여하고 있다.

용량 가격 하락에 대응해 위성 산업은 대역폭에서 더 많은 돈을 벌기 위해 전통적인 도매 임대 비즈니스에서보다 관리되는 솔루션으로 전환하고 있다. 이러한 추세로 인해 사업자는 서비스 제공업체를 구매하고 고객에게 더 가까이 다가가기 위해 다른 수직적 통합 전략을 추구하게 된다. 유로컨설트에 따르면 북미 지역의 HTS(High-Temperature Superconductor) 용량 공급에 드는 평균 비용은 2019년 1초당 메가비트 기준, 월 약 40달러에서 2023년 약 12달러로 떨어졌다.

위성 제조업체는 계속 다각화

대형 정지궤도 위성을 제조한 이력이 있는 회사들은 새로운 고객을 유치하기 위해 제품 라인을 다양화하는 데 성공했다. 대형 정지궤도 통신위성을 연간 20대로 주문하던 시대는 지났다. 그 결과 위성 제조업체는 상업 및 정부 고객에게 중소형 위성을 공급하는 것으로 사업을 확장했다. 록히드 마틴은 현재 대형 위성보다 소형 위성을 매년 더 많이 생산하고 있다. 공통성이 소형 위성 제조의 중요한 측면이다. 록히드 마틴이 후원하고 있는 회사 중 하나는 리바다 스페이스 네트웍스(Rivada Space Networks)에 위성을 공급하는 24억 달러 규모의 계약을 따낸 플로리다 회사인 테란 오비탈(Terran Orbital)이다. 테란 오비탈(Terran Orbital)이 소형 위성 제조를 확대할 수 있는 능력은 록히드 마틴은 상대적으로 가격 경쟁력 있도록 위성을 공급하게 될 것이다. 에어버스는 에어버스 원웹 새틀라이트(Airbus OneWeb Satellites)가 생산한 애로우 450(Arrow 450)을 노스롭 그루먼(Northrop Grumman)을 비롯한 다양한 고객에게 판매하고 있다. 에어버스는 향후 5년 동안 500대에서 1,000대가 판매될 것으로 예상 전망을 발표했다.

위성 사업자는 아시아에서 새로운 기회를 창출

아시아의 위성 사업자들은 이 지역에서 기하급수적으로 증가하는 용량 공급을 흡수하기 위해 연결 비행기 승객 및 이동 중인 다른 고객에 대한 급증하는 수요에 투자하고 있다.

전 세계 용량 공급이 현재 약 39Tbps에서 2030년까지 172Tbps로 급증할 것으로 예상된다. 위성 용량의 61Tbps 이상이 2030년까지 아시아를 커버할 것으로 예상된다. 이러한 급증은 주로 스페이스X의 급속한 스타링크 광대역 네트워크 확장에 힘입어 지난 8년 동안 전 세계 용량이 2013년 약 1Tbps에서 202년 3.7Tbps로 꾸준히 증가한 데 따른 것이다. 스페이스X의 일론 머스크는 2023년 3월 기준으로 스페이스X는 총 3,600여 기의 스타링크 위성을 궤도에 올려놓았다. 스페이스X가 계획하고 있는 총 12만 기의 스타링크 위성 중 상당 부분을 이미 발사했음을 의미한다. 스페이스X는 앞으로도 지속적으로 스타링크 위성 발사를 이어나갈 예정이며, 궁극적으로 전 세계에 초고속 인터넷 서비스를 제공하는 것을 목표로 하고 있다. 세 번째 비아샛-3(ViaSat-3) 위성은 특히 아시아를 커버할 것이다.

아시아에서 와이파이를 갖춘 항공기에 와이파이를 도입할 수 있는 기회가 될 것 같다. 2030년까지 연결된 항공기가 16,000대, 낙관적 모델에서는 20,000대로 증가할 것으로 예상된다. 비관적이든 낙관적이든, 어떤 방식으로 보든, 향후 8년 동안 전 세계적으로 이 시장에 많은 연결성이 가능해질 것으로 본다.

현재 아시아에서 운항 중인 약 8,600대의 항공기 중 1/3 미만이 연결되어 있으며, 이는 미국이 여전히 지배하고 있는 국제금융센터(IFC : International Finance Centre) 시장의 나머지 국가보다 훨씬 낮은 것이다. 향후 10년 동안 제작될 모든 신규 항공기의 61%가 아시아를 위한 것이라는 점은 함께 성장할 놀라운 기회가 될 것이다.

비아샛의 거반(Girvan)은 스타링크, 아마존 및 시장에 진입함에 따라 더 많은 사업자가 규모를 키우기 위해 인수로 눈을 돌릴 것으로 예측된다. 확장의 필요성을 느끼고 그 방향으로 선택하는 경향을 보인다. 인텔샛은 항공 시장 진출을 위해 2020년 IFC 제공업체 고고(Gogo)의 일부를 인수했다. 인텔샛 및 기타 위성 사업자는 상호운용성을 높이기 위해 모뎀 및 기타 지상 기반 하드웨어를 가상화하는 방안을 모색해왔다.

변화하는 시장에서 성공하기 위해 경쟁력을 갖추기 위해 혁신하고 재창조해야 한다. 가만히 있는 선택은 파산으로 이끌 것이다. 앞으로는 우주 기반 네트워크가 지상 네트워크와 원활하게 통합되기 때문에 위성 회사 분류는 의미가 없어졌다.

지구 관측 위성 대형화

비용과 물량 제약이 바뀌었기 때문에 모두가 더 큰 위성으로 이동하고 있다. 모든 고객은 다양한 유형의 데이터, 더 높은 품질, 더 짧은 대기 시간을 요구하고 있다.

카펠라 스페이스(Capella Space)의 최신 아카디아 합성 개구 레이더 위성은 이전 모델보다 50% 더 커져서 정밀한 테일러링이 가능하게 되었다. 고해상도 이미지와 높은 신호 대 노이즈 비율을 원하고, 위성이 수십 초 동안 특정 위치에 초점을 맞추기 때문이다. 아카디아 위성은 또한 휘트니보다 더 큰 태양 전지판과 더 많은 배터리를 갖추고 있다. 카펠라는 아카디아 위성을 중간 경사 궤도로 보내기 위해 일렉트론 발사체를 구입했다. 이러한 궤도는 아시아 태평양 지역을 포함해 사람들이 관심을 두는 지역을 더 빨리 재방문할 수 있게 해준다.

지구 관측은 새로운 시장으로 확장

지구 관측 데이터 및 관련 서비스 시장은 성장하고 진화하고 있다. 정부가 위성 이미지의 주요 고객으로 남아 있지만, 시장이 더 큰 산업으로 확장되는 추세다.

우버를 열고 지도를 보면. 보험에 가입해 홍수 지역의 간섭계 이미지를 통해 보험료가 얼마인지 정확히 파악할 수 있다. 데이터 비용이 낮아짐에 따라 이러한 현상이 확대될 것으로 본다. 위성 이미지에 대한 인식과 접근성이 좋아짐에 따라 위성 소유 및 운영 및 다운스트림과 관련된 기업에 새로운 기회가 열리고 있다. 이는 또한 데이터 처리, 처리 및 저장 및 그 이상의 측면에서 새로운 질문을 제기한다.

해운, 보험, 경제 분석 및 화물과 관련된 모든 기업은 이제 운영 의사 결정을 더 잘 이해하기 위해 우주 데이터를 사용하고 있다. 지구 관측 데이터 및 부가가치 서비스 시장이 2030년까지 75억 달러에 이를 것으로 예상한다. 지속가능성과 추적 가능성을 보장하면서 공급 충격을 최소화하는 것이 큰 관심사가 되었다. 이제는 사람들이 볼 수 있는 것보다 더 많은 이미지를 가지고 있다.

정부 측은 AI를 적절하게 활용해 많은 탐지를 자동화하는 데 큰 노력을 기울이고 있다. 이러한 전환은 딥 러닝 분야의 발전으로 지원되고 가능해지고 있다. 초기 작업의 상당 부분이 고양이와 같은 이미지에서 물체를 식별하는 데 기반을 두었지만 매핑에서 기후 연구에 이르기까지 모든 종류의 데이터 유형으로 발전했다. 모든 데이터를 저장하는 결정도 고려해야 한다. 기름 유출 감지 서비스에서 이를 확인할 수 있다. 석유라고 생각되는 것을 감지하고, 선박의 AIS 정보를 가지고 있으며, 해안경비대가 나가서 확인할 수 있다.

글로벌 기업들의 지구 관측 활동

픽셀(Pixxel)은 인도의 지구 관측 스타트업으로 많은 농업, 석유 및 가스 고객이 이 시스템에 기반을 두고 있다. 2019년에 설립된 픽셀은 위성을 위성 위치 확인 시스템(GPS)만큼 사람들의 일상생활에서 중요하게 만들고자 했다. 이러한 목표를 염두에 두고 픽셀은 고객이 위성 이미지와 데이터를 이해하는 데 도움이 되는 모델 및 도구를 쉽게 끌어다 놓을 수 있는 소프트웨어 플랫폼을 만들 계획이다. 또한 픽셀은 러시아의 소유즈 로켓에 실려 15kg의 기술 시범 발사체를 발사할 것이다. 이 회사의 두 번째 위성은 2021년 스페이스X 팰컨-9 로켓에 실려 발사되었다. 픽셀은 매일 지구 이미지를 수집할 수 있을 만큼 충분히 큰 별자리를 운영할 때 고객에게 제공할 해상도에 대한 정보를 아직 공유하지 않고 있다.

새텔로직(Satellogic)은 지구 관측 회사로 아마존의 지상국 서비스를 이용해 위성을 제어하고 우주에서 데이터를 다운로드할 것이라고 발표했다. 아마존(Amazon)의 지상국은 위성 운영팀이 위성 데이터를 수집해 아마존웹서비스(AWS) 클라우드의 앱 및 기타 데이터와 통합할 수 있도록 지원하는 관리형 서비스다. 이 서비스는 자체 지상 인프라에 투자하고 싶지 않은 신생 기업과 상업 플레이어를 끌어들였다. 운영자는 사용한 용량에 대해서만 아마존웹서비스에 비용을 지급한다.

영상 및 공간정보 데이터 공급자에게는 대규모 클라우드 컴퓨팅이 필요하다. 새텔로직은 지구의 라이브 카탈로그를 만들고 매일 업데이트를 제공하고 있다. 각 우주선은 매일 50GByte(기가바이트)의 데이터를 생성한다. 다운링크된 이미지의 양은 10배 증가할 것으로 예상되며, 지상국 인프라를 가동한 다음 리소스가 필요하지 않을 때 다시 축소해야 할 필요성이 커지게 된다.

노스스타 앤 스페이스(NorthStar Earth & Space)는 다른 위성을 추적하기 위한 별자리를 개발하는 스타트업으로 기후 변화에 대처하기 위한 프로토타입 지구 관측 감시시스템 개발했다.

몬트리올에 본사를 둔 노스스타(NorthStar)는 해안경비대와 협력해 민감한 해양 및 해안 환경을 모니터링하기 위해 공중 초분광 센서 시스템을 사용하는 이 프로젝트를 진행했다. 이 이니셔티브는 노스스타가 이전에 수행했던 공중 임무를 기반으로 하며, 미래 위성을 보정하기 위해 지상 궤도를 모니터링하기 위해 항공기에 초분광 이미지를 부착했다. 캐나다 국방부 산하 국방연구개발부(DRDC)는 이 프로젝트에 150만 캐나다 달러(약 120만 달러)를 투자하고 있다.

액셀스페이스(Axelspace)는 일본의 지구 관측 회사로 위성 별자리를 확장하고 다른 응용 분야에 소형 위성을 제공한다. 도쿄에 본사를 둔 이 회사는 프랑스, 이스라엘, 영국, 미국에 지사를 두고 있으며, 우주선을 정비하고 궤도 파편을 제거하기 위한 여러 기술을 개발하고 있다. 액셀글로브(Axel Globe)라는 서비스를 통해 중간 해상도 이미지를 제공하는 5개의 초소형 위성을 운영하고 있다. 예를 들어 위성으로 촬영한 곡물 사진을 분석하면 곡물을 수확하기 가장 좋은 시점을 파악할 수 있다. 농작물 성장에 필요한 물과 비료를 가장 최적의 조건에서 관리할 수 있다. 나카무라 유야(中村裕也) 대표는 "위성을 통해 수집한 데이터로 농업뿐만 아니라 임업, 도시계획, 재난관리 등 다양한 산업에서 활용할 수 있을 것"이라고 전망했다. 이 위성 중 4개는 첫 번째 위성 이후 3년 후인 2021년에 발사되었다. 성장 잠재력은 높지만, 위험은 큰 기업을 위한 거래소인 도쿄증권거래소 성장 시장(Tokyo Stock Exchange Growth Market)에 상장을 신청했다고 발표했다.

우주공간,
다양한 기술의 적용

　20년에 걸친 기술혁신은 상업 기관이 한때 상상할 수 없었던 우주 기반 서비스를 제공할 수 있는 기회를 열었다. 우주에서 사용할 수 있는 정보의 양은 전례 없는 수준이며, 기업이 정보 사용 방법을 이해한다면 막대한 비즈니스 기회를 창출할 수 있다. 다양한 혁신을 개발하기 위해 우주산업으로 유입된 모든 민간 자본을 기반으로 하는 훌륭한 기술이 있다. 그러나 이러한 혁신이 사람, 기업 또는 정부의 기능에 어떻게 도움이 될 수 있는지 연계해 구상해야 한다.

레이저 중계 시스템

　SCaN(우주 통신 및 항법) 프로그램은 레이저 통신의 힘을 보여주는 동시에 새로운 네트워킹 기술을 테스트할 수 있다. 고양이의 비디오는 프시케 미션에서 심우주 광통신(DSOC : Deep Space Optical Communications) 페이로드에 레이저 링크를 통해 1,900만 마일이 전송되었다. 우주 탐사가 시작된 이래로 NASA 임무는 무선 주파수 통신에 의존해 우주와 데이터를 주고받았다. 광통신이라고도 하는 레이저 통신은 전파 대신 적외선을 사용해 정보를 주고받는다. 적외선과 무선 모두 빛의 속도로 이동하지만 적외선은 단일 링크로 더 많은 데이터를 전송할 수 있으므로 과학 데이터 전송에 더 효율적이다. 이는 적외선의 파장이 더 촘촘해서 무선 통신보다 신호에 더 많은 정보를 담을 수 있기 때문이다.

데이터가 수천 마일, 심지어 수백만 마일의 우주로 전송될 때 지연과 중단 또는 데이터 손실 가능성이 상당하다. 이를 극복하기 위해 NASA는 지연 허용 네트워킹(DTN : Delay/Disruption Tolerant Networking)이라는 통신 네트워킹 프로토콜 제품군을 개발했다. 지속적인 네트워크 연결이 부족할 수 있는 이기종 네트워크의 기술적 문제를 해결하기 위한 컴퓨터 네트워크 아키텍처에 대한 접근 방식이다. 이러한 네트워크의 예로는 모바일 또는 극한의 지상 환경에서 작동하는 네트워크 또는 우주에서 계획된 네트워크가 있다. DTN에서 사용하는 '저장 후 전달' 프로세스를 사용하면 신호가 공간에서 중단되면 향후 전송을 위해 데이터를 수신하거나 저장할 때 데이터를 전달할 수 있다. NASA의 아르테미스 프로그램이 달 안팎에서 지속할 수 있는 존재를 구축하기 위해 준비함에 따라 우주 통신 및 항법(SCaN)은 지구 기반 인터넷의 확장성, 안정성 및 성능을 우주로 가져오기 위해 획기적인 통신 기술을 계속 개발한다.

외상 후 골관절염 치료, 예방에 대한 유망한 결과

전 세계적으로 6억 5,000만 명 이상의 사람들이 골관절염을 앓고 있으며 치료 방법은 거의 없었다. 그러나 국제 우주 정거장(ISS) 국립 연구소가 후원하는 실험의 새로운 유망한 결과는 외상 후 골관절염(PTOA)이 시작되는 조건을 정확하게 재현하는 조직 칩 모델을 자세히 설명했다. 프론티어스 인 스페이스(Frontiers in Space)에 발표된 이 연구 결과는 골관절염 및 관련 질환의 근본적인 원인에 대한 치료법을 이해하고 테스트하는 데 있어 중요한 진전을 이뤘다.

이 모델은 생존할 수 있는 인간 연골, 뼈 및 활막 공동 배양으로 관절 환경을 효과적으로 복제해 관절의 외상성 손상 후 발생할 수 있고 골관절염이 있는 수백만 명의 약 20%에 영향을 미치는 PTOA(외상 후 골관절염)에 대한 치료를 이해하고 테스트하기 위한 기준을 설정했다.

우주 환경은 실험의 성공에 필수적이었는데, 이는 지구에서의 유사한 실험보다 골관절염 특성을 더 빠르게 시뮬레이션하는 것으로 나타났으며, 과거 연구에서 미세중력에서 뼈 손실이 가속화되었음을 입증했기 때문이다. 다양한 치료 방식의 효과에 대한 가능성을 보여주고 있다.

우주 활동을 통한 예방 의료에 대표적 사례를 몇 가지 살펴보면, 우주인의 건강 상태를 실시간으로 모니터링하기 위해 개발된 생체신호 측정 기술은 지상에서도 활용되어 질병 예방에 기여하고 있다. 원격 의료 기술, 웨어러블 건강 모니터링 기기 등이 대표적인 사례다. 우주인들이 받는 우주 방사선의 영향을 연구하면서 개발된 방사선 차폐 기술과 방사선 생물학적 영향 연구는 의료 분야에 활용되고 있다. 암 치료에도 방사선 요법이 널리 사용될 수 있다. 우주인의 장기 체류를 위해 개발된 우주 식량 및 영양 공급 기술은 지상에서도 활용되어 건강한 식생활 유지에 도움을 준다. 우주식 개발 과정에서 얻어진 영양학적 지식이 임상 영양학 발전에 기여하고 있다. 우주의학 분야에서 개발된 많은 기술이 지상의 의료 분야로 이전되어 활용될 수 있다. 인공 장기, 재생의학, 원격 의료 기술 등 우주 탐사 과정에서 얻어진 다양한 기술적 성과들이 예방 의료 발전에 크게 이바지하고 있다. 앞으로도 우주 분야의 혁신적인 기술 발전이 지상의 의료 발전에 지속적으로 영향을 미칠 것으로 기대된다.

위성 기반 센서는 파이프라인 모니터링, 작물 생산 등을 위한 데이터 제공

스타트업인 오비탈 사이드킥(Orbital Sidekick)은 눈으로 볼 수 있는 가시광선 너머의 지구 이미지를 캡처할 수 있는 위성 기반 초분광 센서를 사용해 전 세계 고객에게 가치 있는 글로벌 모니터링 서비스를 제공한다. 이 회사는 지금까지 5개의 상업용 위성을 발사했으며, 그중 2개는 3월에 발사되었고, 2024년에 여섯 번째 위성을 발사할 계획이다.

초분광 이미징은 특정 지역에 특정 화학 물질 및 물질의 존재를 밝혀 파이프라인 누출, 작물 상태, 산불 위험 및 채굴 재료와 같은 항목에 대한 중요한 통찰력을 제공할 수 있다. ISS 국립 연구소(ISS National Lab)가 후원하는 것에 이어 오비탈 사이드킥(Orbital Sidekick)은 거의 5,000만 달러의 투자 자금을 조달하고 파이프라인 모니터링 서비스를 위해 12개 이상의 대형 에너지 회사와 계약을 체결했다. 이 회사는 14개의 위성을 포함하도록 위성군을 확장해 오비탈 사이드킥(Orbital Sidekick)이 매주 전 세계 수백만 마일의 파이프라인을 모니터링할 수 있도록 하는 계획이다.

우주에서 만든 섬유

디지털 세계를 연결하는 데 일반적으로 사용되는 실리카 섬유보다 최대 100배 더 나은 성능을 발휘할 수 있지만, 지구에서 생산되는 섬유의 중력 유도 결함으로 인해 잠재력을 최대한 발휘할 수 없다. 스테이션에서 총 7마일(11.9km) 이상의 광섬유를 제조했다. 우주에서 그려진 유리 섬유의 킬로미터는 이제 우수한 성능 특성이 있는지 확인하기 위해 독립적인 분석을 거치게 된다. 아누스염기나노물질(JBN)은 인체에서 약물 운반체로 사용할 수 있는 복합 물질이다.

3D 맵핑 기술 테스트

우주 정거장이나 달, 화성의 용암 동굴과 같은 다양한 환경의 3D 지도를 전례 없이 상세하게 빠르게 생성하도록 설계되었다. 이를 통해 우주 정거장의 키보(Kibo) 모듈의 3D 지도를 만들 수 있었다. 일본 실험 모듈(Japanese Experiment Module; JEM)은 국제 우주 정거장을 이루는 일본의 과학실험실 모듈이다. JAXA(Japan Aerospace Exploration Agency)에서 개발했다. 키보(Kibo)는 국제 우주 정거장에서 단일 최대의 모듈이다. 이 기술은 여러 센서를 결합해 그중 하나의 약점을 보완하고 로봇이 우주에서 어떻게 움직이는지 이해하기 위해 매우 높은 해상도의 3D 데이터와 더 정확한 궤적 데이터를 제공한다. 우주 정거장에 있든 화성 표면에 있든 로봇 탐험가는 온 보드 센서와 인식 알고리즘을 사용한다. 지구 저궤도의 테스트 베드에서 시연되고 있는 다중 해상도 스캐닝 기술은 이러한 목표를 달성하는 데 도움이 되는 강력한 도구가 될 것이다.

PART 04

우주경제의
비즈니스 기회를 노려라

우주 쓰레기 제거,
18조 원 성장 시장

우주 쓰레기는 다른 위성과 충돌하거나 또 지상으로 추락할 위험이 있어서 국제적인 골칫거리가 되고 있다. 우주 쓰레기를 제거하는 산업이 우주산업의 새로운 비즈니스 모델로 떠오르고 있는 이유다. 긴 꼬리를 그리며 줄지어 지구로 추락하는 물체는 별똥별이 아니라 대부분 중국이 쏘아 올린 로켓의 잔해다. 2023년 7월에는 우주에서 떨어진 물체가 호주의 한 농장에서 발견되기도 했다. 스페이스X의 로켓 잔해물로 드러났는데 길이가 3m에 달한다. 이 같은 우주 쓰레기는 우주공간에서도 위험 요소다. 총알보다 10배 이상 빠른 속도로 움직이면서 위성과 부딪혀 위성을 파손하고 국제 우주 정거장으로 돌진해 우주인들이 대피하는 소동도 종종 벌어진다.

2009년 2월 10일 우주에서 최초로 교통사고가 발생했다. 미국과 러시아 위성의 충돌이다. 충격으로 엄청난 파편들이 생겼고 이는 모두 우주의 쓰레기로 남게 됐다. 최근엔 우주 쓰레기가 대기권으로 진입해 불타는 모습을 별똥별이 떨어지는 모습으로 착각하는 경우도 많다. 지구 궤도 위에 버려지거나 남겨진 쓸모 없어진 것들을 모두 우주 쓰레기다. 우리가 지상에서 관측을 통해서 우주물체를 세면 약 5만 7,000여 개가 발견할 수 있었다. 최근에는 약 2만 7,000여 개 정도가 남겨져 있다. 그 중 약 80%는 우주 쓰레기라고 보면 된다. 수천여 개의 인공위성이 발사되고 있고, 아주 많은 수의 인공위성과 우주 쓰레기들이 지구 궤도에 있다.

우주 쓰레기에도 다 주인이 있다. 10cm 크기보다 큰 인공 우주물체들을 하나하나 세면서 어디서부터 온 파편인지도 파악한다. 피해를 줄 때는 그 소유국이 배상하도록 우주법에 정의가 되어 있다. 아직은 권고 사항이며 우주 쓰레기를 어떻게 처리해야 한다는 법은 사실 아직 규정화된 법이 있지는 않다.

지금 큰 문제는 아니지만 앞으로 10년, 몇십 년 동안 아무것도 하지 않으면 상황이 훨씬 더 나빠질 것이다. 확실히 50년 후에 우리가 무언가를 하지 않으면 큰 문제가 된다. 우주 쓰레기가 국제적인 골칫거리로 떠오르면서 기업들은 관련 기술 개발에 나서고 있다. 일본 기업은 지난해 우주 쓰레기 수거 위성을 개발하고 인공적으로 만든 쓰레기 위성과 함께 우주로 올려보냈다. 수개월의 비행 끝에 수거 위성은 쓰레기 위성과 결합하는 데까지 성공했다. 2026년에는 실제 영국 위성을 지구 궤도에서 제거하겠다는 목표다. 유럽우주국은 우주 쓰레기를 포획하고 대기권으로 끌고 내려와 불태워 없앨 수 있는 집게 팔을 단 위성을 개발 중이다. 유럽우주국은 또 우주에서 그물을 발사해 우주 쓰레기를 포획하는 위성도 개발하고 있다. 현재 개발되고 있는 시스템은 여러 개의 우주 쓰레기를 제거할 수 있을 것이다. 한 조각에 올라가서 방해되지 않도록 안전하게 끌어내린 다음 돌아가서 다음 조각을 가져간다. 지구 궤도를 도는 우주 쓰레기 가운데 지름이 10cm를 넘는 것은 3만 6,000여 각국의 우주 진출이 활발해지면서 더 늘어날 것으로 보인다. 이 가운데 우주 쓰레기 제거 산업 규모는 2030년에는 약 18조 원대로 성장할 것으로 전망된다.

수명을 다한 인공위성 잔해인 우주 쓰레기를 향해 위성이 천천히 다가간다. 로봇 팔을 뻗어 우주 쓰레기의 패인 부분을 단단히 잡아서 지구 대기권으로 끌어내려 던져넣는다. 그러면 공기 마찰로 생긴 강한 열에 우주 쓰레기가 타면서 제거되고, 4개의 로봇 팔이 마치 문어가 다리로 먹잇감을 감싸듯 우주 쓰레기를 붙잡고 궤도에서 벗어난다. 위성이 직접 우주 쓰레기와 함께 대기권으로 들어가 불태우는 것이다. 최근 민간 우주개발이 활발해지면서 우주 쓰레기를 제거하기 위한 각국의 경쟁도 치열해지고 있다. 우주를 도는 위성 수가 늘어나는 만큼 우주 쓰레기양도 증가하기 때문이다. 실제로 지난해 말 기준 지구 궤도를 도는 위성 수는 4년 전보다 약 77%가 늘었고 같은 기간 우주 쓰레기는 모두 2,700톤이 늘었다. 결국 제때 우주 쓰레기를 없애지 않으면 궤도에 쌓인 우주 쓰레기가 위성과 충돌해 큰 사고가 발생할 수 있다.

기본적으로 충돌은 충돌을 일으키고 결국 사용할 수 없는 많은 궤도를 만들게 된다. 또 다른 큰 위험은 인간의 위험이기 때문이다. 10년에서 20년 안에 수십 명, 아니면 100명의 사람이 궤도에 있게 될 수 있다. 그들도 위험에 처해 있다. 이미 지난 2013년 국제사회는 우주 쓰레기 문제를 해결하기 위한 협의체를 만들고 한국을 포함한 13개 나라 기관이 머리를 맞대왔다. 이제 우리나라도 본격적인 기술 개발에 뛰어들었다. 역시 위성을 붙잡아 대기권으로 다시 보내는 포획 위성의 개발인데 이를 위해 우주에 있는 물체의 위치나 궤도를 바꿀 수 있는 500kg 이하의 소형 위성을 만들어, 2027년에 누리호에 실어 보낼 계획이다.

우주 쓰레기 수거·회수 관련 스타트업들 중에서 일본 기업들이 이 분야에 상당수 포진해 있다. 일본이 나름 우주 강국이긴 하지만 미국·러시아 같은 독보적인 우주 강국들의 기업보다 앞서 있다는 것이 특이했다. 이를 두고 한 우주산업 전문가는 "일본의 아이템 선정이 탁월했다"라고 진단했다. 우주기술은 그 분야를 누가 빨리 선점하느냐가 곧 기술 격차를 벌리는 토대가 된다는데, 일본이 유리한 고지를 점했다.

우주 쓰레기는 최근 가파르게 늘고 있다. 유럽우주국(ESA)에 따르면, 주기적인 궤도로 움직임이 정기적으로 추적되는 우주 쓰레기만 지난해 기준 3만 5,168개로 집계됐다. 2019년 2만 5,297개보다 39% 늘어난 수치다. 우주개발 역사가 70년에 달한다는 점을 고려하면, 최근 4년간 쓰레기 증가 속도가 수직으로 상승했다는 뜻이다.

이처럼 최근 우주 쓰레기가 늘어난 것은 민간 개발업체까지 나서 우주개발 경쟁이 가속화됐기 때문이다. 특히 일론 머스크의 우주기업 스페이스X의 경우 저궤도 통신망 '스타링크(Starlink)' 프로젝트를 위해 지금껏 6,000여 개의 위성을 우주로 쏘아 올렸다. 스타링크는 한 번에 위성 60개씩을 발사하는 군집(群集) 위성의 특징을 갖고 있다. 몇 개는 고장이 나도 상관없다는 개념이기 때문에 고장 난 것은 우주 쓰레기가 되기 쉽다. 스페이스X는 고장 난 인공위성을 우주공간에서 벗어나도록 제어한다는 견해지만, 우주공간에 수없이 뿌려진 인공위성을 일일이 제어하고 있는지는 의문이다.

광활한 우주에 쓰레기 몇 개 뿌려지는 것이 별문제가 아니라고 생각할 수 있지만, 전문가들은 이들 우주 쓰레기가 지구 궤도의 '고속도로' 격인 지구 저궤도에 바글바글 몰려 우주 교통의 장애물로 작용하는 점이 치명적이라고 지적한다. 통상 지상으로부터 300~2,000km의 고도를 저궤도라고 부르는데, 인공위성 대부분은 이 저궤도에 머무른다. 위성이 통신, 위성항법장치(GPS), 각종 관측 등의 임무를 수행하려면 지구

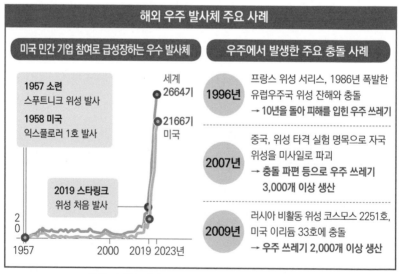

출처 : 유엔우주업무사무소(UNOOSA), 미국 항공우주국(NASA), 유럽우주국(ESA)

와 너무 멀리 떨어지면 안 되기 때문에 저궤도에 머무르는 것이다. 이런 인공위성 '도로'가 각종 폐인공위성과 파편 등으로 뒤덮여 우주공간 개발에 중대한 위협이 되고 있다.

'우주 청소 기술' 어디까지

우주 쓰레기에 대한 우려가 커지면서 우주 쓰레기를 치우는 우주 청소 기술에 관한 관심도 커지고 있다. 특히 자체 '폐처리' 능력이 없는 우주 후발국은 자국의 위성을 자체적으로 폐기할 기술력이 부족한 상황이다. 이에 기술력을 가진 스타트업이 시장에 뛰어들고 있다. 우주 후발국의 수요에 맞춰 돈벌이가 될 것이란 기대 때문이다.

우주 쓰레기에 대한 제거 방식은 앞서 설명했듯이 대체로 2가지로 구분된다. 떠돌아다니는 우주 쓰레기를 직접 잡아끌어 수거하는 방식이 있고, 마치 당구공 경로 바꾸듯 쓰레기의 속도와 궤도를 바꿔 쓰레기를 대기권 안에 진입하도록 해 태워버리는 게 또 다른 방식이다.

쓰레기를 직접 수거하는 방식엔 다양한 방법이 나오고 있다. 떠돌아다니는 쓰레기에 접근해 로봇 팔로 잡아채거나, 마치 물고기 잡듯 그물을 던지거나 줄 달린 작살을 쏴 포획하기도 한다. 쓰레기의 속도나 궤도를 바꾸기 위해 쓰레기에 낙하산이 달린 닻을 꽂아 넣는 방식도 고안됐다. 쓰레기에 레이저를 쏴 덩치 큰 쓰레기는 궤도를 바꾸고, 작은 쓰레기는 직접 태워버리는 방법도 있다.

아직은 우주 청소 기술은 걸음마 단계지만 스타트업의 수거 기술이 빠르게 성장하는 추세다. 일본 우주항공연구개발기구(JAXA)의 지원받는 스타트업 아스트로스케일은 로봇 팔을 이용해 쓰레기를 수거하는 방식을 사용하는데, 자국 우주 쓰레기로부터 수백m 이내로 접근하는 데 성공했다. 이런 성과에 힘입어 총 3억 8,000만 달러 이상을 투자받고, 도쿄증권거래소에 상장도 했다. 이 밖에도 노르웨이의 스타트업 솔스톰은 우유 팩 크기의 소형 위성에서 낙하산을 발사하는 기술을 개발 중이며, 일본의 스카이퍼펙트는 2030년까지 위성 기반 쓰레기 제거용 레이저를 개발하겠다고 밝혔다.

우주 쓰레기의 위험도가 커지며 우주 쓰레기를 방치하는 기업들을 규제할 방안들도 나오고 있다. 미국의 연방통신위원회(FCC)는 2025년부터 저궤도에 발사한 위성은 임무 완료 후 5년 안에 궤도에서 벗어나야 한다는 제도를 도입했다. FCC는 노후 위성을 제때 치우지 못한 위성·케이블 방송사에 15만 달러의 벌금을 부과하기도 했다. 유럽의 ESA도 2030년까지 '우주 쓰레기 제로'를 달성하겠다며 새로운 우주 발사 기준을 마련하기도 했다.

새로운 우주 발사체 및 위성은 임무 종료 후 지구 재진입 시 잔해 최소화를 위한 설계를 의무화하고, 우주 발사 전 잔해 감소 계획 수립 및 승인 절차를 강화하는 한편 우주 쓰레기 제거 기술 개발 및 투자를 확대하겠다. 또한, 우주 쓰레기 감시 및 추적 체계 고도화, 국제 협력을 통한 우주 쓰레기 감축을 위해 공동 노력으로 우주 활동으로 인한 쓰레기 발생을 최소화하고, 기존 쓰레기 제거에도 힘쓰겠다는 것이 ISS의 목표다. 지속가능한 우주개발을 위한 중요한 정책 변화로 평가되고 있다.

궤도 자원이 더 부족한 정지궤도(고도 3만 6,000km)에서는 수명이 다한 위성을 더 높은 '무덤 궤도'로 날려버리는 국제 규범이 있으며, 잘 지켜지고 있다. 궤도에서도 자신의 위성은 자신이 처리시키도록 하는 규범이 만들어질 필요가 있다. 우주 시장 후발 진출국 입장에서는 이런 규범을 갑자기 생겨나는 것이 억울할 수도 있다. 또한 우주 쓰레기 처리 방법을 개발할 능력을 미처 갖추지 못한 국가는 새로운 규범이 기술 장벽으로 느껴질 것이다.

쓰레기 제거 기술이 곧 방위산업

우주 쓰레기 사업에 관심이 커지는 이유는 우주 쓰레기 제거 기술이 훗날 '우주 청소'에서 더 나아가 다양한 쓰임새로 진화할 수 있기 때문이다. 우주공간을 총알 속도 10배로 쏜살같이 움직이는 쓰레기를 자유자재로 포획해 처리하는 능력을 갖췄다는 것은 우주공간 내 급유나 우주 정거장 수리 등과 같은 부가적인 서비스에 응용될 수도 있다. 현재는 고가의 위성이 간단한 부품 하나로 못 쓰게 되거나, 기능은 멀쩡한데 연료가 부족해 임무를 종료해야 하는 경우도 생기고 있다. 만약 '쓰레기 청소' 기술을 활용해 우주에서 발생하는 문제를 고칠 수 있다면 새로운 우주산업이 될 수 있을 것이다.

이런 우주기술이 방위산업에 요긴하게 쓰일 가능성도 제기된다. 대부분 위성·우주산업이 그렇듯이 쓰레기 제거 기술도 군사적 목적의 공격 무기 영역으로 확산하는 추세다. 러시아가 됐든 미국이 됐든 우주

선진국끼리의 전쟁이 발생하면 (우주 쓰레기 포획 기술이) 상대국의 위성을 떨어뜨리는 것과 같은 효율적인 공격 수단으로 바뀔 수 있다는 것을 의미한다. 한국도 우주항공청이 생긴 만큼 국가 안보를 위해서라도 이 분야에 대한 적극적인 투자가 필요하다.

국내 기업 중 우주로테크는 파생 기술도 동시에 연구하고 있다. 역추진 장치를 가동하려면 우주공간에서 위성의 궤도를 예측하는 기술이 필수다. 자연히 위성 간 충돌을 회피하는 소프트웨어(SW)도 만들어낼 수 있었다. 위성은 자신의 위치는 파악할 수 있기 때문에, 운동 속도와 좌표를 계산해 특정 시간 이후 위성이 어디에 존재할지를 추산하는 것이 가능하다. 현재는 지상국과의 교신을 통해 관리 명령을 내려주는 형태지만, 차후에는 시스템을 자동화가 이루어져야 할 것이다.

위성산업의 다양한 서비스

행성, 별 또는 기타 천체를 공전하는 물체를 위성이라고 한다. 인공위성에는 자연 위성과 인공위성의 2가지 유형이 있다. 자연 위성에는 지구 궤도를 도는 지구의 달이나 더 큰 소행성을 공전할 수 있는 소행성과 같은 물체가 포함된다.

2023년 전 세계 위성 산업 매출은 전년 대비 2% 증가한 2,850억 달러를 기록했다. 위성 제조 매출은 9% 증가한 172억 달러를 기록했는데, 이는 점점 더 성능이 향상되는 소형 위성 및 확장할 수 있는 생산 프로세스에 힘입은 것이다. 미국에 본사를 둔 제조업체는 2023년에 발사된 상업적으로 조달된 위성의 약 85%를 제작했다. 전 세계 위성 제조 수익에서 미국이 차지하는 비중은 2022년 64%에서 2023년 46%로 떨어졌는데, 이는 값비싼 정보 우주선이 줄었기 때문이라고 한다. 전 세계 출시 매출에서 미국이 차지하는 비중도 56%에서 54%로 소폭 하락했다. 전 세계 발사 수익은 지난해보다 2% 증가한 72억 달러를 기록했으며, 주로 지구 저궤도(LEO)를 위해 상업적으로 조달된 로켓이 18% 증가했다. 경쟁력 있는 미국 상업 출시 가격을 시장의 주요 트렌드라고 볼 수 있다.

2023년에는 2022년 대비 18% 증가한 190건의 상업 조달 출시가 있었다. 이번 발사에는 전년 대비 20% 증가한 2,781개의 상업용 위성이 배치됐으며, 이는 주로 스페이스X가 주도했다. 스페이스X는 상업적으로 조달된 104개의 위성 발사 중 89개가 팔콘 9(Falcon 9) 로켓이었던 미국에서 다시 한번 이 부문을 지배했다. 이 중 64개는 스페이스X가 보유한 스타링크 광대역 위성군을 위해 발사된 위성이다. 2023년 말까지 총 9,691개의 활성 위성을 궤도에 올려놓았으며, 지난 5년 동안 361% 증가한 수치다.

글로벌 내비게이션 위성 시스템(GNSS) 장비는 2023년 전 세계적으로 기록된 1,504억 달러의 위성 지상 장비 매출 중 대부분을 차지했으며, 이는 전년 대비 4% 증가한 수치다.

위성 산업협회(SIA : Satellite Industry Association)는 상업용 위성 산업에 대한 글로벌 요약인 제27차 연례 위성 산업 현황 보고서(SSIR)를 발표했다. 2023년 동안 업계는 전례 없는 속도로 계속 성장했다. 상업 위성 산업은 6년 연속으로 기록적인 수의 상업 위성을 궤도에 쏘아 올렸다. 2023년 한 해 동안 총 2,781개의 상업용 위성이 배치되어 전년 대비 20% 증가했으며, 우주산업은 다시 한번 역사상 가장 많은 발사(190회)를 수행했다. 2023년 말까지 총 9,691개의 활성 위성이 지구 주위를 돌았으며, 이는 지난 5년 동안 361% 증가한 수치다.

2023년에는 기록적인 수의 위성을 발사해 많은 위성을 배치했다. 미국의 우주 리더십은 미국 기업들이 한 해 동안 발사된 상업용 위성의 85%를 제작하는 것으로 이어졌다. 기술혁신은 계속해서 경제성과 생산성을 높였다. 위성 제조, 지상 장비 및 발사 수익은 2023년에도 계속 증가했다. 위성 광대역 매출은 40% 증가했고 가입자는 27% 증가했다. 선택의 폭과 기능이 향상함에 따라 지난 10년 동안 원격 탐사 위성의 수가 700% 증가함에 따라 원격 탐사 수익은 10% 증가했다. 커넥티드 디바이스는 위성을 휴대폰 및 기타 지상파 단말기에 직접 연결하는 데 대한 시장의 관심이 높아 지상 서비스를 계속 지배했다. 2023년 한 해 동안 전 세계 우주경제 전체는 4,000억 달러의 수익을 창출했다. 상업용 위성 산업은 2,850억 달러로 증가해 전 세계 우주 사업의 71%를 차지하며 계속해서 지배적인 위치를 차지했다.

위성 제조는 지속적인 혁신, 위성 기능 및 제조 비용 절감 덕분에 2023년 전 세계 위성 제조 수익은 172억 달러로 성장했다. 2023년 총 190건의 상업 조달 발사가 진행되었으며, 글로벌 발사 수익은 72억 달러였다. 위성 서비스는 원격 탐사 매출 성장과 함께 위성 광대역 가입 및 매출 증가가 결합해 2023년 동안 위성 서비스 매출에서 총 1,102억 달러를 창출하는 데 도움이 된다.

위성 지상 부문은 글로벌 내비게이션 위성 서비스(GNSS) 및 네트워크 장비의 지속적인 성장으로 2023년에 1,504억 달러 이상의 수익을 창출했다. 우주 지속가능성 활동은 상업용 위성 지속가능성 활동은 한 해 동안 상당한 수익을 창출하기 시작했으며, 이는 2023년 동안 3억 달러 이상의 수익을 기록했다. 상업용 위성 산업은 전 세계 수억 명의 미국인과 수십억 명의 소비자에게 더 많은 경제성, 생산성 및 점점 더 중요한 서비스를 제공하는 동시에 전례 없는 수준과 중요성으로 계속 성장하고 있다.

모든 위성의 기능과 경제성이 계속 증가함에 따라 궤도에 있는 정지궤도(GEO) 위성의 수도 2022년에 비해 5% 증가했다. 미국 기업들은 2023년에 발사된 상업적으로 조달된 위성의 85%를 제작하면서 발사 사업을 계속 지배하고 있다. 더 빠르고 저렴한 광대역 서비스, 향상된 원격 감지 기능, 장치 간 직접 통신 및 점점 더 많은 우주 지속가능성 활동은 위성 사업을 계속 확장하는 새로운 서비스 중 일부에 불과하다. 위성 기술은 우주뿐 아니라 농업·해상·물류·운송·건설 등과 같이 산업 전 분야에 쓰일 수 있기 때문에 위성 하드웨어나 응용 프로그램을 개발하는 기업들이 더 많이 참여하고 활동했으면 한다.

서비스형 공간(Space-as-a-Service)

48억 달러 규모의 지구 관측 산업은 날이 갈수록 계속 성장하고 발전하고 있다. 지구 궤도를 도는 6,000개 이상의 위성을 통해 우주 정복이 제대로 진행되고 있다.

이 중 대부분은 작은 크기의 소형 위성들이며, 실제로 운용 중인 대형 위성들은 약 2,000여 개 정도로 추정된다. 인공위성의 수는 계속해서 증가하고 있는데, 그 이유는 위성통신, 위성방송, 위성항법 등 위성 기술의 발전과 상용화, 소형 및 초소형 위성 기술의 발달로 위성 제작 및 발사가 쉬워졌기 때문이다. 인공지능, 빅데이터 등 신기술을 활용한 다양한 위성 서비스 개발과 민간기업의 위성 사업 진출 확대 및 국가 간 위성 기술의 경쟁 심화라고 할 수 있다.

우리는 위성을 우주로 보내고 궤도에 올리는 것과 관련된 부분만 실제로 달성했다. 현실적으로 말하자면, 그것이 최종 목표일까? 전혀 그렇지 않다. 인공위성을 궤도에 올리는 것은 소중한 지구 관측 데이터를 획득하고 인류를 개선하는 데 적용하기 위한 수단일 뿐이다. '뉴스페이스(New Space)' 생태계와 이를 가능하게 한 다양한 구성요소와 다양한 유형의 제품과 서비스는 어떤 것들이 있을까? 수집되는 지구 관측 데이터의 양이 엄청나게 유입되었다. 지구 궤도를 도는 위성의 수가 증가함에 따라 데이터 수집의 빈도와 해상도는 증가했다. 많은 새로운 데이터 수집 방법(예 : SAR, LiDAR)도 이러한 추세라고 할 수 있다.

빈번한 데이터 = 정확한 데이터

이를 통해 더 능동적이고 미래 지향적인 솔루션(예 : 변경 분석 대시보드, 재난관리 도구 및 정밀 농업)을 만들 수 있었다. 처음부터 끝까지 전체 위성 생태계를 소유하는 것은 매우 어렵다. 이는 기업이 수직적으로 통합되던 과거의 업무처리 방식으로 자율성을 제공하기는 했지만, 단점은 모든 작업을 수행하는 데 수반되는 위험, 어려움 및 불확실성이 있다.

위성 임무를 설정하고 이를 수행하는 데 필요한 초기 비용과 리소스는 하늘 높이 치솟았다. 이 막대한 투자에도 불구하고 보장이 없다는 사실은 말할 것도 없다.

이러한 여정을 거친 초기 플레이어는 전문 지식과 경험을 공유해 이 업계의 신규 진입자의 삶을 더 쉽게 만들기로 했다. 이를 통해 서비스형(As-a-service) 모델이 스페이스로 확장되었다. 간단히 말해서 서비스형 공간(Space-as-a-Service)이다. 서비스 분야를 조금 더 세분화하면 서비스형 위성(SataaS), 서비스형 지상국(GSaaS), 우주 서비스형 데이터(SDaaS)이다.

서비스형 위성(Satellite-as-a-Service)

최근 위성 산업은 소형 위성을 만드는 방향으로 전환되었다. 소형 위성 사업자는 고도로 전문화된 기술과 소형 센서를 개발해 우주 모니터링을 시도하는 데 상당한 이점을 얻고 있다. 이러한 장점은 서비스형 위성(Satellite-as-a-Service) 모델의 원동력이다.

이 서비스는 우주 탐사를 쉽게 하고 있다. 소형 위성을 위한 발사체를 만드는 것은 자원을 가장 효율적으로 사용하는 것이 아니다. 우주 탐사에 수반되는 법적, 환경적, 재정적 영향은 말할 것도 없다. 우주 인프라를 소유하는 것은 여러 가지 지식, 전담팀과 자본 지출이 필요하므로 실현이 어려운 경우가 많다.

바로 이 지점에서 이 서비스 모델이 시작된다. 소형 위성은 대규모 탐사와 임무에 쉽게 편승할 수 있으므로 발사 비용을 줄이고 성능을 향상하는 데 도움이 된다. 경험이 풍부한 조직은 아이디어 구상, 허가, 위성 관리 및 궤도 이탈에 이르기까지 임무를 계획해 소규모 및 신규 위성 운영자가 우주에 도착할 수 있도록 지원한다. 맞춤형 여정을 제공하고 초기 비용과 위험을 줄인다. 우리는 그러한 동맹이 제공해야 하는 무형의 이익에 관해 아직 공론화 단계에 이르지 못했다. 경험에 가격표를 붙일 수 있을까? 위성이 우주로 발사되어 당신과 지구의 아름다운 이미지를 포착하고 있다. 이제 그 데이터를 현실로 만들 때다.

서비스형 지상국(Ground Station-as-a-Service)

필자의 성급한 견해일 수 있지만 인공위성을 우주로 보내는 일은 어느 정도 단계에 이르렀다고 생각한다. 그렇다고 해서 개선의 여지가 없다거나 관련 분야의 사업 분야의 발전이 필요 없다는 것은 아니다. 이제는 우주공간의 위성 데이터를 효율적으로 지구로 전송해서 이해하는 것이 중요하다. 뉴스페이스 생태계에서 왜 그렇게 중요할까? 지상국은 위성이 통신하고 정보를 전달하는 지구의 통신센터다.

위성은 페이로드에 대해 제한된 양의 정보만 전달할 수 있다. 생성되는 정보의 양을 고려할 때 원격 탐사된 위성 데이터는 외부 소스로 지속해서 전달되어야 한다. 이것이 바로 지상국이 하는 일이다. 지구에 있는 인공위성의 더 나은 반쪽이라고 생각해야 한다. 지상국을 설정하는 것은 큰 비용과 시간이 많이 드는 작업이다. 종종 위성과 더 좋고 더 빈번한 상호 작용을 한다. 단 한 번의 위성 발사를 위해 지구의 극지방에 지상국을 설치하기 위해 수백만 달러를 투자하는 것은 신생 회사에 서는 어려운 일이다. 하지만 관련 기술을 보유한 스타트업들이 다양한 도전과 성과들을 통해 하나씩 극복하고 있다.

서비스형 데이터(Data-as-a-Service) 공간

원격 탐사 데이터의 중요성은 아무리 강조해도 지나치지 않는다. 기후 변화, 지구 온난화와 같은 세계의 가장 큰 문제에 대한 것들을 내려다보고 있다. 우리는 별에서 온 마법 같은 기적에 관해 이야기하는 것이 아니라 매일 위성에 의해 캡처되는 수조의 TB(Terabyte)의 고해상도 지구 관측 데이터가 있다. 클라우드 기술과 기반 서비스 모델의 조합을 사용하는 서비스형 모델은 풍부한 공간 데이터로 확장되었다. 이를 통해 규모의 경제를 통한 반복적이고 확장할 수 있는 수익 모델이 탄생했다. 결과적으로 더 높은 고객 정보 업그레이드와 스마트한 솔루션으로 진전되었다.

위성을 우주로 쏘아 올리고, 우주공간에서의 데이터를 지상국으로 다시 가져와서 분석해 콘텐츠로 처리하면서, 결국 이를 통해 데이터 제품과 솔루션들이 만들어지게 된다. 데이터 제품이 최종 사용자에게 원활하고 적시에 도달할 수 없다면 아무런 소용이 있다. 데이터 전달 및 데이터 통합의 문제는 생각보다 훨씬 크다. 많은 기업이 자체 API(Application Programming Interface : 운영체제와 응용프로그램 사이의 통신에 사용되는 메시지 형식)를 구축했다. 이는 액세스 포인트를 만드는 좋은 단계다. 그러나 API만으로는 문제가 해결되지 않는 경우가 많다. 사용 사례와 사용자 페르소나 모두에 적합한 전달 방법이 시급하다. 페르소나(Persona)란 특정 사용자 집단을 대표하는 가상의 인물을 말한다. 이를 통해 제품이나 서비스를 개발할 때 사용자의 니즈와 행동 패턴을 더 잘 이해할 수 있다.

뉴스페이스 서비스가 말하는 광범위한 시장을 고려할 때 어려운 방법이다. 데이터 통합, 데이터 이동, 데이터 웨어하우징(Data Warehousing) 및 데이터 랭글링(Data Wrangling)와 같은 프로세스에는 모두 데이터 변환이 포함될 수 있다. 데이터 형식, 데이터 유형, 데이터 압축은 모두 방해가 되며 이해관계자는 데이터에서 가치를 얻는 것보다 데이터를 정리하고 구조화하는 데 더 많은 시간을 소비하게 된다.

뉴스페이스 생태계는 그야말로 '새로운' 생태계다. 서비스형 공간은 확실히 전 세계 모든 지역과 이해관계자들 사이에서 인기를 끌고 있는 접근 방식이다. 아직 초기 단계에 있지만 전 세계는 우주 마차에 뛰어들기 위해 노력하고 있다. 무한한 우주 자원의 잠재력을 활용하기 시작했을 뿐이다. 지속가능성 있는 우주 시장은 2023년에 3억 달러 이상을 벌어들일 가능성이 크며, 궤도 내 서비스 및 우주 상황 인식(SSA : Space Situational Awareness)은 전 세계 매출의 약 3/4을 차지한다. 정부의 우주 예산과 상업 우주 비행 활동을 포함하면 세계 우주경제가 2% 증가한 4,000억 달러를 기록했다. 주요 투자 은행들은 2040년까지 1조 달러 규모의 우주경제를 예측했다.

인공지능,
우주기술 혁신 가속화

인간의 활동 제약이 많은 우주공간에서는 인공지능 활용이 매우 중요한 역할을 할 수 있다. 우주기술 혁신 속도는 인공지능과 기계 학습 덕분에 빨라지고 있다. 예를 들어, AWS(Amazon Web Services) 고객은 생성형 AI를 사용해 우주선 부품을 설계하고 있다. 그런 다음 부품을 3D 프린팅하고 일련의 테스트를 거친다. AWS 위성 솔루션은 직관적이면서 AI를 통해 동시에 매우 혁신적인 설계를 빠르게 반복할 수 있다.

생성형 AI는 딥 러닝 모델을 사용해 질문에 답하거나 방대한 데이터 세트에서 감지된 패턴을 기반으로 콘텐츠를 생성한다. 우주기업이 얻을 수 있는 이점의 대부분은 생성 AI를 보다 전통적인 머신러닝 알고리즘 및 컴퓨터 비전 모델과 결합하는 데서 비롯된다. AWS 위성 솔루션 측은 "데이터와 고객이 데이터를 적용하는 방식 측면에서 성장하고 있는 것처럼 보이는 멋진 동물원과 같다"고 했다. 영상 아카이브 검색 및 위성 작업과 관련에서는 자연어 모델을 사용할 가능성을 기대할 수 있다. 예를 들어 "초분광 및 다중 스펙트럼 센서를 보여달라"고 요청하기만 하면 이미지를 찾을 수 있기 때문이다.

AI는 전 세계의 무선 주파수 방출기를 식별하는 데도 도움을 주고 있다. 컴퓨팅 자원에 대한 액세스를 제공하는 클라우드 컴퓨팅 제공업체 없이는 불가능할 것이다. 우주 활동이 증가함에 따라 기업은 우주 기반 클라우드를 고려하게 된다.

엣지 컴퓨팅(Edge Computing) 디바이스, AWS 스노우콘(Snowcone)은 2022년 미국 우주 인프라 개발업체 액시엄 스페이스(Axiom Space)를 통해 국제 우주 정거장을 방문했다. 스노우콘 개발사인 AWS는 그 이후로 AWS는 파트너와 함께 일련의 데모를 수행했다. 예를 들어, 2023년에는 지상 네트워크와 지구 저궤도 간에 데이터를 전송해 사이버 보안 소프트웨어를 시연했다. 우주 기반 엣지 프로세싱 확장이 기대되는 사례가 될 수 있다.

우주에서의 컴퓨팅, 스토리지의 의미 있는 사용 사례가 증가하고 있다. 따라서 궤도에 있는 데이터 센터를 포함해 우주 기반 엣지 컴퓨팅을 제공하는 데 중점을 두고 있다. 엣지 컴퓨팅은 일반적으로 사물 인터넷(IoT) 기기에 연결되고 클라우드가 아닌 엔터프라이즈 네트워크의 가장자리에 배치되는 미니 데이터 센터를 의미한다. 우주 기반 엣지 컴퓨팅은 우주에 있는 여러 소스의 데이터에 대해 애플리케이션을 실행할 수 있는 기능은 대기 시간을 줄여줄 수 있다. 이제는 모든 데이터를 지구로 끌어다놓는 것에서 벗어나야 한다.

인공지능의 활약이 기대되는 분야는 AI 기반의 우주 빅데이터 분석이다. 실시간으로 정보를 분석하고, 다양한 경로를 통해 수집된 데이터를 처리해 유용한 정보를 추출할 수 있게 될 것이다. 인공지능의 신뢰성을 높이는 기술은 빠르게 발전하고 있어 우주공간에서도 신뢰성을 확보할 수 있다.

우주기술의 AI는 우주 발사체 최적화를 하는 데도 적용할 수 있다. 지능형 로봇공학으로 AI와 발사체 소프트웨어를 결합함으로써 발사체 제조 과정의 모든 측면을 최적화할 수 있게 될 것이다. 발사체가 인공위성 플랫폼을 확인하고 지원하는 데도 도움이 될 것이다. 또한 AI를 적용하면 위성사진 분석을 자동화하고 수많은 데이터 속에서도 추세 분석도 가능할 것이다. 이러한 우주기술 혁신은 AI가 우주공간의 플랫폼을 이용해 다양한 산업에 영향을 줄 수 있을 것으로 기대한다.

엣지 컴퓨팅,
우주에서 더 가치 있게 활용한다

2023년에는 '우주 민주화'라는 표현이 보편화되어 우주산업 성장에서 기대할 수 있는 기준선을 실질적으로 재설정했다. 그러나 그것은 실제로 무엇을 의미할까? 이는 위성 발사, 제조 및 원격 위치에 데이터 전송 기능을 제공하기 위해 저궤도(LEO) 연결을 활용할 수 있다는 것이다. 이러한 서비스가 저렴하게 상품화되고, 다양한 사용자 그룹, 부자와 가난한 사람 모두에게 공평하게 분배될 수 있어서 널리 이용 가능하다는 것을 시사한다.

그러나 문제는 현실 공간이 민주화되지 않았다는 것이다. 전 세계 원격지에 우주 기반 부가가치 서비스를 제공하려면 멀리 떨어져 있고 경제적으로 취약한 사람들에게 서비스를 제공하기 위해 획기적인 혁신으로 구동되는 추가 기술 솔루션이 필요하다. 이러한 애플리케이션은 지상 데이터 센터 없이 위치에 서비스를 제공하기 위해 궤도의 엣지에서 컴퓨팅 프로세스를 실행해야 한다. 이러한 앱을 구동할 수 있는 획기적인 기술혁신은 우주 기반 엣지 컴퓨팅이다.

기본적으로 엣지 컴퓨팅을 사용하면 데이터 소스에 더 가까운 속도와 볼륨의 데이터를 처리할 수 있으므로 이러한 결정이 중요한 경우 실시간으로 더 큰 작업 주도 결과를 얻을 수 있다. 보스턴 컨설팅 그룹(Boston Consulting Group)에서 다양한 산업 전반에 걸친 잠재적 성장이나 활용 모델을 중심으로 수행한 연구에 따르면, 우주 기반 엣지 컴퓨팅은 산업 부문에서 가치 창출을 주도할 수 있다. 이는 데이터를 로컬에서 처리해 클라우드 데이터 전송의 위험을 제거하기 때문이다. 지구로의 다운로드 시간을 단축하고 우주 인프라의 효율성을 향상해 시간과 비용을 절약한다. 지상 데이터 저장 센터를 대체해 클라우드 컴퓨팅의 배출량을 줄인다.

우주 기반 엣지 컴퓨팅이란 무엇일까?

간단히 말해서 엣지 컴퓨팅은 연결을 가능하게 하는 네트워크 또는 장치가 사용자 근처 또는 사용자 근처에 있는 경우다. 엣지(Edge)는 데이터가 생성되는 위치에 더 가깝게 데이터를 처리해 더 빠른 속도와 볼륨으로 처리할 수 있도록 해 실시간으로 더 큰 작업 주도 결과를 제공한다.

엣지 컴퓨팅 기능은 온-프레미스(On-premise) 데이터 센터가 없는 원격 위치에서 컴퓨팅 성능을 사용할 수 있을 때 의미 있는 가치를 창출할 수 있다. 컴퓨팅 성능을 공간의 엣지에 배치하면 클라우드 모델이 더 많은 데이터 요구사항, 제한된 대역폭 및 비용 증가와 같은 한계에 직면함에 따라 이러한 원격 사용 사례 중 일부를 제공할 수 있다.

엣지 컴퓨팅은 또한 기업이 물리적 자산을 관리 및 사용하는 방법을 개선하고 새로운 대화형 인간 경험을 창출하는 경우와 같이, 더 많은 도시 및 개발 환경을 위한 기능을 강화한다. 엣지 사용 사례의 몇 가지

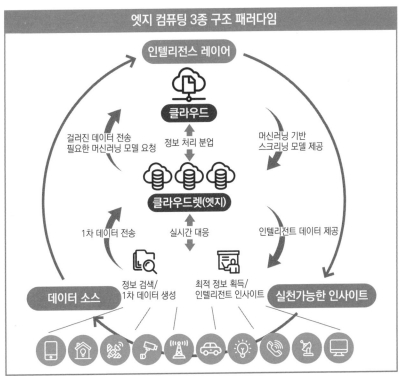

출처 : 테크트렌드 2018, 한국정보화진흥원

예로는 자율 주행 농업 장비, 자율 로봇, 스마트 장비 데이터 및 자동화 등이 있다.

엣지 컴퓨팅 기능은 IoT를 엣지 컴퓨팅 장치로 사용할 수 있어서 IoT와 구별하기 어려울 수 있다. IoT와 비 IoT 디바이스 엣지 컴퓨팅의 성능의 가장 큰 차이점은 데이터를 실시간으로 처리하는 동시에 기술적으로 실행 가능하다는 것이다. 또한 사이버 보안이 더 높은 시점에 해당 데이터를 중앙 집중식 서버에 동기화하는 효율성 면에서 다르다.

클라우드 모델이 지배적이지만 더 많은 데이터 요구사항, 제한된 대역폭, 비용 증가와 같은 한계에 직면해 운영을 방해할 수 있다. IEEE(Institute of Electrical and Electronics Engineers)에서 발표한 연구에 따르면, 최종 사용자의 58%가 10ms(밀리초 : millisecond) 이내에 가까운 엣지 서버에 연결할 수 있다.

하지만 최종 사용자의 29%만이 가까운 클라우드 위치에서 비슷한 대기 시간을 보였다. 글로벌 기술 기업인 커넥트리아(Connectria)는 데이터 센터와 퍼블릭 클라우드 사이의 거리가 100km가 될 때마다 약 1ms의 대기 시간이 추가될 것으로 추정한다. 지연 시간의 영향으로 상당한 비즈니스 손실이 발생할 수 있다. 아마존(Amazon)은 지연 시간이 100ms일 때마다 매출이 1%에 달하는 것으로 추정한다.

우주에서 엣지는 어떻게 가치 창출을 주도할 것인가?

엣지 컴퓨팅 우주 제공업체는 시장 제공을 형성하면서 몇 가지 기준을 평가하고 있다. 예를 들어, 공급업체는 궤도 내 엣지 컴퓨팅 기능을 제공하는 데 필요한 반복되지 않는 엔지니어링 비용을 계산하고 있다. 최종 사용자, 특히 정부 고객을 착륙시키는 방법을 신중하게 개선한다. 이윤을 가장 잘 극대화할 수 있는 사람(하이퍼스케일러, 앱 개발자 또는 위성 통합업체)에 대한 시장 진출 접근 방식을 설계한다. 지상 인프라 자산 기반이 어떻게 진화할 것인지 평가한다. 설계 투자를 위해 목표로 삼을 사례를 신중하게 선택한다. 이러한 선택은 우주에서 엣지 컴퓨팅이 채택되는 위치와 공급업체가 전략에 집중하는 방법을 결정하거나 깨는 데 도움이 될 수 있다.

이 시장의 수요 측면도 동시에 진화하고 있다. 예를 들어, 정부 고객은 엣지 우주기술의 컴퓨팅이 제공하는 잠재적인 사이버 보안상의 이점을 높이 평가하고 있다. 이 요구사항을 성공 지표로 설정하고 있는 것이다. 동시에 국가 안보 및 민간 고객은 다양한 솔루션 개발을 장려한다. 솔루션을 기관의 ESG 전략에 통합하는 방법을 평가하고 있다. 특히 LEO의 우주 기반 기능은 이미 고객과 기업에 전례 없는 가치를 창출한다. 위성 연결은 산업 전반에 걸친 기업이 성장을 주도하고 가치를 창출하는 새로운 제품과 서비스를 제공할 수 있는 다양한 방법을 열어주고 있다. 농업 및 운송과 같은 산업의 선도 기업들은 새로운 위성 지원 서비스를 출시하고 있다.

통신의 속도와 신뢰성은 엣지 컴퓨팅 때문에 크게 향상될 것이다. 우주로부터의 지속적인 연결을 활용함으로써 기업은 자율 운영, 지속적인 데이터 전송 및 처리, 기계 간 통신과 같은 솔루션을 가능하게 한다.

예측 수요 및 기술 개발 동향에 대한 분석을 통해 우주 기능의 엣지 컴퓨팅에서 가치가 창출되는 위치와 방법을 예측하는 모델을 개발했는데 농업과 국방의 사용 사례가 가장 큰 이점을 얻을 수 있음을 시사한다. 위성 기반 컴퓨팅 기능을 통해 가치를 창출의 사용 사례는 모두 실시간 운영 의사 결정이 필요하다.

몇 초의 지연은 운영자가 원격 플랫폼의 압력 센서에서 중요한 경고 데이터를 분석하는 것과 일치할 수 있다. 그 결과는 최대 수백만 달러의 잠재적 손실을 보호하거나 향후 중요한 경고에 대한 조건을 예측할 수 있다. 이러한 데이터를 클라우드 데이터 센터에서 처리해야 하는 경우 높은 수준의 대기 시간 또는 네트워크 속도 저하가 필요하므로 결과가 플랫폼으로 다시 전송될 때쯤에는 운영 결정을 내리기에는 너무 늦을 수 있다.

우주에서의 엣지 컴퓨팅은 동기화, 일괄 처리 또는 데이터 필터링을 통해 앞서 언급한 사용 사례의 효율성을 높인다. 이를 통해 공유 대역폭을 최대한 활용할 수 있다. 그 결과 공간 내 엣지 컴퓨팅을 통해서만 방해가 되는 시야 환경에서 더 스마트한 데이터 처리가 가능하게 된다. 엣지 우주의 프로세서는 이러한 능동적인 결정을 내리기 위해 라우팅할 항목과 라우팅하지 않을 항목을 결정한다.

스페이스X의 스타링크와
원웹(유텔셋)의 차이점

스페이스X의 스타링크(Starlik)와 원웹(OneWeb)은 모두 글로벌 인터넷을 선언하지만, 위성 기반 서비스 제공에는 중요한 차이점이 있다. 스타링크와 원웹이 구축하고 운영하는 위성은 우리가 인터넷에 액세스하는 방식과 연결하는 방식을 근본적으로 변화시키려 하고 있다. 표면적으로 두 인터넷 서비스 제공은 서로 경쟁하는 것처럼 보이지만 정확히 그런 것은 아니다.

하버드대학의 천체 물리학자 조나단 맥도웰(Jonathan McDowell)이 집계한 통계에 따르면, 인도 우주국은 616개의 원웹 위성을 지구 저궤도에 성공적으로 전달했다. 프로젝트의 첫 번째 단계가 이제 완료되었으며 몇 가지 예비 테스트를 거친 후 올해 안에 글로벌 서비스 범위를 제공할 것이라고 말했다.

원웹은 운영이나 개발 중인 여러 인터넷 위성군 중 하나다. 원웹과 스타링크는 지구상의 모든 위치에 저지연 고대역폭 인터넷 통신 서비스를 제공하기 위해 지구 저궤도에 인터넷 위성군을 구축하고 있지만, 목표 시장은 같지 않다. 새로운 원웹은 궤도에 수백 개의 위성을 가지고 있지만, 스타링크는 수천 개를 자랑한다. 원웹은 이제 막 시작되었다고 볼 수 있다.

스타링크란?

자신의 로켓 회사를 갖춘 스페이스X의 CEO 일론 머스크는 좋은 기회를 낭비하는 사람은 아니다. 전 세계의 인터넷 데드 존을 줄이거나 완전히 없애기 위해 인터넷 위성군을 구축하며 위성을 저렴하게 한꺼번에 발사하기 시작했다. 이제 스페이스X는 우주항공 회사일 뿐만 아니라 위성 제조업체 및 인터넷 서비스 제공업체다.

스페이스X는 2015년에 스타링크 프로젝트를 발표해 전 세계의 소외된 지역을 충족시키기 위한 목적을 밝혔다. 당시 머스크는 "우리는 로켓에 대해 한 일을 위성을 위해 노력할 것"이라고 말했다.

스타링크는 어떻게 작동할까?

스타링크 위성은 플랫 사용자 단말기에 직접 연결되어 고객이 집이나 어디에 있든 인터넷에 직접 액세스할 수 있도록 한다. 미국 사용자의 경우 서비스 비용은 현재 한 달에 약 110달러다. 연결을 지원하는 표준 하드웨어는 599달러이고, 고성능 버전은 2,500달러다. 싸지 않기 때문에 모든 사람이 일반적으로 사용하기에는 아직 제한이 있다.

티모바일(T-Mobile)은 최근 스페이스X와 제휴해 고객에게 네트워크 안팎의 텍스트 범위를 제공했다. 계획은 결국 음성 및 데이터 범위를 포함하는 것이다. 이것이 작동하려면 스페이스X는 스타링크 위성에 FCC(미국연방통신위원회 : Federal Communications Commission) 승인이 필요한 직접 셀룰러 시스템을 장착해야 한다.

과학자들은 남극 대륙에서 현장 작업을 수행하는 동안 스타링크를 사용해왔다. 러시아 군대 침공에 대한 우크라이나의 투쟁에서도 유용하다는 것이 입증되었다. 스타링크는 미국 국방성과 중국의 관심을 끌었으며, 중국은 이를 잠재적인 안보 위협으로 하는 것을 보고 있다.

스타링크 위성은 몇 개일까?

2019년부터 팔콘 9 로켓은 위성 떼에 꾸준히 추가되어 발사될 때마다 50개 이상의 스타링크를 제공하고 있다. 현재 스페이스X는 지구 저궤도에서 작동하는 3,867개의 스타링크 위성을 보유하고 있다. 4,408개의 Ku-밴드 스펙트럼 위성과 7,500개의 326세대 V-밴드 위성을 발사할 수 있는 FCC의 허가를 받았다. 표면 위 332에서 525마일(535~211km) 범위의 고도에서 작동한다. 현재까지 스타링크는 382에서 340

마일의 고도에서 작동해왔다. 이는 일반적으로 매우 낮고 기술적으로 통신위성인 것보다 예외적으로 낮다.

배치하고자 하는 나머지 22,488개의 Gen 2 스타링크 위성에 대한 FCC 승인을 여전히 기다리고 있다. FCC는 2022년 승인에서 FCC가 "다른 위성 및 지상 운영자를 해로운 간섭으로부터 보호하고 안전한 우주 환경을 유지해 경쟁을 촉진하고 향후 사용을 위해 스펙트럼 및 궤도 자원을 보호하기 위해" 나머지 장치에 관한 결정을 연기했다고 밝혔다.

업그레이드된 Gen 2 위성을 궤도에 전달하는 과정은 스페이스X의 스타십(Starship) 메가 로켓 지연으로 인해 연기되었다. 팔콘 9s는 대형 Gen 2를 궤도에 올릴 수 없으므로, 그동안 V2 Minis로 알려진 더 작은 버전을 만들었다. 첫 번째 배치는 올해 초 우주로 갔지만 머스크가 예상했던 문제를 겪고 있는 것으로 보인다.

원웹이란?

영국 런던에 본사를 두고 2012년에 설립된 원웹은 2015년부터 유럽 항공업체 컨소시엄인 에어버스와 합작해 원웹의 위성을 도맡아 생산할 원웹 자회사(OneWeb Satellites)를 설립했다. 2017년 2월부터 공장 가동을 시작했으며 최대 생산 속도로 제조하면 하루에 위성 2기를 만들 수 있다.

이후 2019년 2월부터 발사를 시작했으며, 그해 5월 첫 발사가 이루어진 스페이스X 스타링크와 함께 위성 인터넷 시대를 열었다. 예정대로면 2021년 중으로 전 세계 인터넷 서비스를 시작할 수 있었으나, 2020년 초 세계적인 코로나19 확산의 여파로 기존 대주주였던 소프트뱅크가 원웹의 추가 투자를 중단해 법정관리 신세를 지는 동안 위성의 추가 생산 및 발사가 지연되었다. 현재 원웹을 인수한 인도 바르티(Bharti) 회장의 말에 따르면, 조만간 충분한 커버리지를 확보해 전 세계 서비스를 시작할 수 있을 것으로 예상한다.

원웹은 위성 항법 기능이 내장된 차세대 위성의 개발 계획을 공개하고, 원웹 위성 공장의 본격적 생산 체제로의 복귀 소식을 알리는 등 법정관리 이후 기업 정상화를 향한 절차를 밟고 있는 듯하다. 영국 정부는 원웹이 구축하려는 위성망이 초고속 인터넷 서비스를 공급해줄 것으로 기대한다. 또 유럽연합(EU) 탈퇴로 유럽판 GPS인 '갈릴레오 위성 항법시스템'을 사용할 수 없게 되면서, 절실해진 '위성 내비게이션'(sat-nav) 서비스도 제공해줄 것으로 예상한다.

이 투자를 통해 원웹은 평소와 같이 러시아 소유즈 로켓에 위성이 올라가는 프로젝트를 계속할 수가 있었다. 그러나 러시아는 우크라이나를 침공해 프로젝트를 다시 한번 혼란에 빠뜨렸다. 서방의 제재로 인해 크렘린은 원웹 위성 발사를 중단했다. 36대 반환을 거부해 원웹은 수억 달러를 잃었다. 이에 대응해 회사는 발사 서비스를 위해 스페이스X 및 인도 우주 연구 기구에 눈을 돌렸고, 뒤돌아보지 않고 2022년 25월 프랑스 위성 사업자 유텔셋(Eutelsat)과 합병해 위성군을 완료했다.

스페이스X와 마찬가지로 원웹은 위성군이 "전 세계 어느 곳에나 광대역 스타일의 데이터 속도를 제공할 수 있다"라고 말하면서 '연결되지 않은 커뮤니티'는 '원웹 시스템 및 연결 솔루션을 통해 처음으로 글로벌 커뮤니티에 합류할 수 있을 것'이라고 한다.

스페이스X와 달리 원웹은 가정용 서비스 상품이 없다. 대신 통신 사업자, 인터넷 서비스 제공업체나 기업이나 가정에 인터넷 서비스를 판매하는 기타 조직과의 파트너십을 모색할 것이다. 따라서 원웹과 직접 거래할 수는 없지만, ISP(인터넷 서비스 사업자 : Internet Service Provider)는 원웹 네트워크를 사용할 수 있게 되면, 원웹 네트워크를 활용할 수 있다. 실제로 원웹은 이미 미국에서 AT & T(American Telephone & Telegraph Company)와 계약을 체결했다.

원웹 CEO인 닐 마스터슨(Neil Masterson)은 기업 고객에 초점을 맞춘 스타링크를 순수한 경쟁자로 간주하지 않는다. 정부에 서비스를 제공하는 것과 관련해 경쟁할 분야가 있지만, 정부는 항상 하나 이상의 서비스를 구매할 것이다. 원웹은 항공, 해상, 기업이나 정부의 4가지 주요 부문에서 플랫폼을 사용할 수 있도록 할 계획이다.

원웹은 어떻게 작동할까?

원웹 위성은 유럽 우주항공 회사인 에어버스(Airbus)를 포함하는 합작 회사인 원웹 위성에 의해 제작되었다. 위성은 현재 12개의 궤도면

내에서 작동하고 있으며, 각 비행기에는 예비 부품을 제외하고 49개의 장치가 있다. 이 회사의 지상 네트워크는 전 세계에 있는 50~70개의 게이트웨이 사이트로 구성된다. 클라이언트 회사는 터미널이 위성 안테나, 수신기 및 CNX(고객 네트워크 교환) 장치로 구성된 원웹 최종 사용자 터미널을 사용해 위성에 연결한다. 캐나다 위성에 따르면 CNX는 사용자 터미널을 "고객의 네트워크에 연결하며, 이 네트워크는 노트북, 스마트폰, 센서 등을 포함한 최종 사용자 장치에 연결된다"라고 한다.

원웹의 연결 작동 방식

원웹 위성은 스타링크보다 높은 궤도에서 작동하며 표면 위 750마일(1,200km)에서 작동한다. 그런데도 원웹과 스타링크는 지구에서 22,370마일(36,000km) 떨어진 곳에서 작동하는 기존의 정지 통신위성보다 지상에 훨씬 더 가깝게 시작한다. 근접성은 대기 시간이 짧아져 즐겨 찾는 웹사이트와 앱을 빠르고 원활하게 올릴 수 있다. 원웹의 경우 네트워크에서 100밀리초 미만의 대기 시간과 약 200Mbps 이상의 속도로 변환된다. 스페이스X는 패키지 및 기타 요인에 따라 대기 시간이 5~50ms이고 예상 다운로드 속도는 20~250Mbps라고 주장한다. 즉, 모든 사람이 스타링크로 훌륭한 서비스를 받는 것은 아니며 사용자 기반이 증가함에 따라 서비스 속도가 느려지고 있다. 따라서 더 많은 위성에 대한 스페이스X의 끝없는 갈망이 생긴다.

다시 말하면, 원웹은 616개의 Ku대역 위성에서 멈추지 않는다. 6단계에서는 3,727개의 위성을 배치해 총 위성 무리를 늘릴 계획이다. 원웹과 스페이스X의 또 다른 유사점은 그들만이 유일한 게임이 아니라는 것이다. 우주에 대한 새로운 경쟁은 지구 궤도에 대한 저렴한 접근의 결과이며, 다른 회사들도 같은 생각을 하도록 촉구한다. 아마존도 메가 위성 궤도 파이를 놓고 경쟁하고 있다. 어떤 회사가 성공할 것이며 이러한 서비스가 인터넷 액세스 능력을 향상시킨다.

위성 개발자,
내·외부 플랫폼 사용자를 고객으로

원스톱 발사 서비스, ISS(국제 우주 정거장) 실험 플랫폼 활용 서비스, 우주 하드웨어와 부품 수입·수출, 우주 교육 프로그램, 플랫폼 웹사이트 'Space for Space' 등 우주산업 성장에는 이러한 비즈니스 모델에 주목할 필요가 있다. 인공위성은 쏘아 올려 새로운 서비스를 제공하고, 우주에 신재료를 실험하며, 우주를 활용한 신규산업에 대응하고 싶지만 노하우나 커넥션이 없는 기업에게 우주공간에 물건을 옮기기 위한 계획을 제시, 기술, 조정, 발사, 운용 지원까지 전체적으로 서포트하는 기업이 필요하게 된다. 우주 종합상사 '스페이스BD'는 이러한 비즈니스 모델에 주목했다. 우주에는 다양한 사업으로 확장할 가능성이 있지만 명확한 답이 있는 것은 아니다. 우주산업에 기술이 있지만, 사업개발 부분에 많은 기업이 어려워하는 것이 현실이다.

스페이스BD는 2017년 설립된 일본기업으로 우주산업에서 서비스를 제공하는 '우주 무역 회사'로 BD는 사업개발(Business Development)이라고 한다. 일본 우주항공연구개발기구(JAXA)의 공인 상용 서비스 제공업체로 위성 발사나 우주공간에서의 실증 실험을 목표로 하는 고객에게 우주공간에 물건을 운반하기 위한 최적인 플랜을 제시하고 기술 조정부터 발사 - 실현 - 운용 지원까지를 총체적으로 지원한다. 스페이스BD는 누구나 우주를 활용할 수 있는 최적의 솔루션을 제공하는 것을 목표로 하고 있다. 글로벌 발사 방법, 국제 우주 정거장(ISS)의 활용 옵션 및 기타 맞춤형 우주 솔루션을 포함한 다양한 서비스를 제공한다.

독특한 서비스 포트폴리오는 2018년 Space BD가 JAXA의 첫 번째 공개 프로젝트를 위한 상용 서비스 제공업체로 선정되었을 때 일본 우주항공연구개발기구(JAXA)와의 파트너십으로 시작되었다. 이를 바탕으로 스페이스BD는 생명과학 연구 및 궤도 내 시연(IOD)을 위한 ISS 시설 활용과 일본 발사체의 승차 공유 운영과 같은 다양한 서비스를 개발했다. 제공되는 글로벌 출시 옵션의 수와 다양성도 계속 확장되고 있다. 위성 발사 서비스 외에도 스페이스BD는 기술 시연, 프로모션 및 교육 프로그램 등을 통해 우주의 상업적 사용과 관련해 점점 더 다양한 요구에 대응하고 있다. 스페이스BD는 우주로의 운송 옵션을 확대해 다양한 요구에 부응할 수 있는 환경을 조성하고 공간을 활성화한다는 방침이다. 우주 활용 수요가 늘어나자 일본 자국 발사 수단에 더해, 해외의 발사 수단을 확보한다는 계획이다. 특히 스페이스BD의 강점인 기술적인 발사·운용 지원을 원스톱으로 제공해 경쟁력이 있는 발사 서비스로 향상시킨다. 가나자와 마코토(金澤 誠) 스페이스BD 최고운영책임자(COO)는 '스페이스X와의 제휴는 글로벌 관점에서 발사 방식을 다양화하는 첫 번째 단계로 자리 잡았다'며 '우리는 사용자에게 최적의 공간 접근을 제공하기 위해 비즈니스 개발과 엔지니어링 모두 노력할 것'이라고 밝혔다.

　스페이스BD 이외에 엑소론치(Exolaunch) 등의 기업들이 있으며 우주산업에 다양한 사업개발 활동을 진행하고 있다. 위성 분리 통합업체인 엑소론치와 레이더 영상 위성을 이용한 지구 관측 분야 글로벌 리더이자 자연재해 솔루션 전문기업 아이스아이(ICEYE)는 새로운 SAR(Synthetic-Aperture Radar) 위성 4기를 성공적으로 발사해 위성군을 확장했다. 이번 발사는 소형 위성 승차공유 임무를 수행하는 스페이스X의 트랜스포터-9(Transporter-9)을 이용해 엑소런치를 통해 미국 캘리포니아 반덴베르그 우주군 기지에서 이뤄졌다. 각 우주선과의 통신 설정이 성공적으로 구축되었다. 현재 일상적인 초기 작전이 수행되고 있다.

　아직은 일본에서 우주산업 펀딩 규모가 크지 않아 다른 나라들처럼 정부에 의존하는 단계다. 그중 아이스페이스(무인 달 착륙선 개발), IQPS(SAR 위성 제조·데이터 판매), 아스트로스케일(우주 잔해물 제거) 등이 주목받고 있는 기업들이다.

　IQPS(Intelligent Quantum Photonic Systems)의 비즈니스 모델은 우주산업 성장에 주목할 만한 사례가 될 수 있다. IQPS의 주요 비즈니스 모델은 고해상도 SAR 위성 개발 및 제조, 다양한 분야의 응용을 위한 SAR 위성 플랫폼 제공, SAR 데이터 판매하는 SAR(Synthetic Aperture Radar) 위성 제조다.

　또한 자체 개발한 SAR 위성으로 수집한 고품질 영상 데이터 판매하고, 농업, 환경, 안보 등 다양한 분야에서 활용 가능한 데이터를 분석하는 서비스다. 고객 니즈에 맞는 정보 및 인사이트를 도출하기도 한다. 이처럼 IQPS는 자체 SAR 위성 제조 역량을 바탕으로 고품질 데이터를 생산하고, 이를 활용한 다양한 분석 서비스를 제공하는 등 수직계열화된 비즈니스 모델을 구축하고 있다. 이를 통해 IQPS는 우주 원격탐사 분야에서 독보적인 경쟁력을 확보하고, 우주산업 생태계에 새로운 가치를 창출할 수 있을 것으로 기대된다.

우주의학,
우주비행사와 우주공간 비즈니스 기회

건강과 우주의 시너지 효과는 새로운 것이 아니다. 우주 탐사 초기에 우주 비행의 영향과 인간의 생리학 및 정신 건강에 미치는 영향에 대해 알려진 사람은 거의 없다. 모니터링 장치에서 로봇 팔에 이르는 기술 개발은 지구상의 의료 기기에 적용되었다. 통신위성을 통한 원격 의료는 종종 외딴 지역뿐만 아니라 비상사태 및 재난 발생 시에도 연결을 제공하는 유일한 솔루션이었다. 우주 기관 간의 강력한 협력과 국제 협약 및 기구에 대한 포함은 혁신적인 우주 기반 건강 솔루션의 전 세계 적용 및 보급을 보장한다.

우주에서의 노화 문제는 우주 비행에 매우 어려운 도전을 제시한다. 무중력, 부분 중력, 행성 먼지 및 우주 방사선은 우주 비행과 행성 서식지 생활 모두에서 인간에게 심각한 위협이 되며, 이로 인해 우주비행사의 생명을 위협하는 질병이 급속히 발생할 수 있다. 또한 폐쇄된 환경은 우주 승무원의 업무 성과와 정신 건강에 추가적인 스트레스를 줄 수 있다. '무중력'이라는 단어는 우주비행사가 우주 비행 중 중력이 변경된 다양한 위치에서 경험하는 상태를 설명하는 데 사용된다. '미세중력'이라는 용어는 기본적으로 지구 중력의 100만분의 1을 의미하며 우주비행사가 우주 임무 중에 겪는 조건에 적용하는 것은 올바르지 않기 때문에 한계가 있다. 더 많은 민간기업이 우주경제를 계속 확장함에 따라 우주 연구의 실행 가능성이 크게 증가하고 있다.

우주의학 산업의 투자는 절반 이상(약 74%)이 미국에 있다. 투자자의 14%는 영국과 독일에 각각 4%, 핀란드와 스위스에 각각 3%를 포함해 유럽에 있다. 또한 투자자의 3%가 싱가포르에 기반을 두고 있다. 전체 기업의 60%가 미국에 본사를 두고 있으며, 프랑스와 스위스가 2위를 차지했다(전체 비상장 기업의 30%). 다른 회사들은 영국, 네덜란드 및 이탈리아에 균등하게 분포되어 있다.

우주의학 산업 강화를 위한 서비스는 시장의 25%는 눈과 뼈 임플란트 또는 우주비행사의 건강을 분석하고 지원하기 위한 의료 하드웨어와 노화 관련 퇴행성 질환에 대한 우주비행사를 위한 생명 공학 솔루션에 전념하고 있다. 우주 의료 시장의 또 다른 25%는 우주 관련 장애와 현장 아미노산 생산을 다루는 생명공학 산업에 집중되어 있다. 우주 관련 기업의 35% 이상이 ISS에서 연구 장비를 제공한다.

오늘날 점점 더 많은 우주 스타트업이 생겨나고 우주산업에서 민간 연구를 촉진하고 있다. 현재 증가하는 관심을 감안할 때 상업적 연구가 점점 더 시장을 장악하고 있다.

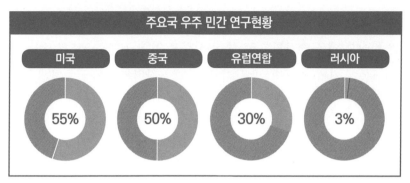

주요국 우주 민간 연구현황

| 미국 | 중국 | 유럽연합 | 러시아 |

55% 50% 30% 3%

출처 : spacetech.globa

미국의 55% 스페이스테크(SpaceTech) 시장은 민간 부문에서 나오고 있다. 민간 우주 이니셔티브 수에서 두 번째로 많은 국가는 중국으로, 시장의 절반이 상업 R&D에 전념하고 있다. 유럽연합(EU)은 민간기업이 주도한 우주 프로젝트의 30%를 차지하며 3위를 차지했다. 역사적으로 러시아는 우주 연구 분야에서 가장 많은 경험이 있지만, 우주 상용화는 2018년에야 시작되었다. 그 이후로 우주에서 민간 연구를 수행한 러시아 회사는 3D 바이오프린팅 솔루션 하나뿐이다.

우주에서의 바이오 제조는 가장 유명하고 빠르게 성장하는 산업이며, 우주의학 솔루션 중 하나다. 우주에서 생산되고 있는 기술 대부분은 지구에서 사용되고 있다. 무중력 없이는 불가능한 일련의 독특한 접근 방식을 제안한다. 바이오 제조 분야의 선두 주자는 산업의 23%를 차지하는 재생 의학과 세계 시장의 22.4%를 차지하는 장기 프린팅(3D 바이오프린팅)에 전념하고 있다.

단백질 결정화 기술을 사용한 약물의 발견과 개발은 각 부문에서 시장의 11.6%를 차지하고 있다. 7.2%는 우주 비행 조건에서 뼈, 근육 및 뇌의 노화 과정에 초점을 맞추고 있다. 줄기세포를 포함한 세포 치료제는 바이오 제조 연구의 6.3%를 차지하고 있다. 13%는 ISS의 장기 칩(Organs-on-chip) 접근법, 의료 기기 및 연구 장비에 거의 균등하게 분포되어 있다.

PART 05

우주경제의 미래

미-중 경쟁이 지구를 넘어
우주로 확장

중국은 무엇을 시작하고 있을까?

우주 비행기, 원격 정찰, 위성 통신 및 우주 관련 서비스 능력과 같은 모든 것을 하고 있다. 선룽 우주 비행기는 중국의 가장 신비로운 탑재체 중 하나로 재사용할 수 있다. 이 우주선은 미국의 X-37B 군용 우주 비행기보다 불과 몇 주 전에 발사되었다. 비슷한 점이 많은 것으로 보인다. 우주 비행기가 배치된 이후 우리가 수집할 수 있었던 유일한 구체적인 정보는 궤도를 끌어올리는 데 성공했다.

야오간(Yaogan) 원격 감지 위성은 대부분의 중국 국방 위성으로 광학, 합성개구레이더(SAR), 전자정보(ELINT) 탑재체를 포함하는 야오간 위성 계열에 속한다. 중국이 지난 2년간 발사한 400개 이상의 위성 중 절반 이상이 지구를 주시하도록 설계되어 있다.

중국은 선박 레이더와 다른 전자기 신호를 탐지해 해상 추적에 사용할 수 있는 수십 개의 전자 지능 위성을 배치했다. 이 나라는 또한 작년에 세계 최초의 정지궤도 위성(GEO SAR) 탑재체인 Ludi Tance-4를 발사했다. 위성 통신은 작년에 국방부는 중국이 60개 이상의 통신위성을 운용하고 있으며, 적어도 4개는 군사용으로 지정되어 있다고 보고했다. 중국은 스타링크와 유사한 대형 LEO 위성을 개발하는 초기 단계에 있으며, 이는 정부 및 국가 안보 애플리케이션을 지원하기 위한 이중 용도 유틸리티를 갖게 된다.

카운터스페이스 기능은 미국 국방성(DoD)는 의회에 제출한 〈2023년 중국 군사 발전 보고서〉에서 중국이 적대국의 우주 작전을 방해하거나 거부할 수 있는 능력을 발전시키고 있다고 썼다. 카운터스페이스(Counterspace)는 우주 작전에서 적의 우주 자산을 무력화시키기 위한 기술과 전략을 의미한다. 이는 적의 위성, 우주선, 우주 인프라 등을 타깃으로 하는 공격적인 우주 작전 개념이다. 주요 카운터스페이스 기술에는 위성 교란/차단 기술로 레이저, 전자기파 등을 이용해 적의 위성 기능을 방해하거나 파괴하는 기술이다. 위성 요격 기술은 미사일, 킬 위성 등을 통해 적의 위성을 직접 타격한다. 우주 통신 교란 기술은 전자기파, 사이버 공격 등으로 적의 우주 통신을 방해하는 기술이다. 이러한 카운터스페이스 능력은 우주 우위 확보를 위한 핵심적인 수단으로 여겨지고 있다.

국방부는 보고서에서 지향성 에너지 무기와 위성 재머 개발 외에도 저궤도 위성을 목표로 하는 작전용 지상 기반 대위성(ASAT) 미사일을 보유하고 있다. 지구의 궤도까지 위성을 파괴할 수 있는 추가적인 무기를 추구할 것이다.

중국은 기상위성 중 하나에 대한 ASAT 시험을 했는데, 이것은 역사상 가장 큰 우주 파편 사건이 되었다. 미국과 중국이 주요 경쟁국으로 부상했다. 중국의 실험용 재사용 우주선이 세 번째 임무를 수행하는 동안 미지의 물체를 궤도에 발사했다. 중국은 이 임무에 대해 엄격한 비밀을 유지해왔다. 우주 당국은 우주선의 이미지나 설명을 공개하지 않았다.

중국의 창어 6호 달 탐사선은 게임 체인저

달의 반대편에서 달 표면 수집 중국의 노력은 장기적인 전략적, 지정학적 영향을 미칠 것이다. 중국은 창어 6호 달 뒷면 표본 수집 귀환 임무를 시작했다. 이 임무는 달 반대편에서 2kg의 달 암석과 토양을 퍼서 지구로 가져오는 것을 목표로 한다. 이미 달 궤도에 진입한 53일간의 달 탐사 임무는 에이트킨 분지(Aiken Basin)인 남극을 목표로 하기 때문에 중국이 수행하는 가장 어려운 임무 중 하나다.

창어 6호는 궤도선, 착륙선, 어센더, 재진입 모듈을 탑재하고 있으며, 특히 직경 약 490km의 아폴로 분화구의 남쪽 부분을 목표로 하고 있다. 이 장소는 다양한 샘플을 수집하는 데 도움이 될 곳이어서 선택되었다. 임무가 성공하려면 착륙 후 48시간 이내에 로봇 팔을 착륙선에서 뻗어 땅에 시추공을 뚫고 채취한 샘플을 컨테이너에 밀봉해야 한다.

중국 달 탐사 프로그램의 수석 설계자인 우웨이런(Wu Weiren)은 "달 반대편에서 샘플을 수집하고 반환하는 것은 전례 없는 위업이다. 임무는 매우 어렵고 위험하다"고 말했다. 한편 그는 이 임무의 중요성도 강조했다. "이제 우리는 달의 반대편에 대해 아는 것이 거의 없다. 창어 6호 임무가 목표를 달성할 수 있다면, 과학자들에게 달 뒷면의 환경과 물질 구성을 이해할 수 있는 최초의 직접적인 증거를 제공할 것이다"라고 말했다.

중국은 이미 창어 5호를 통해 가까운 쪽의 달 샘플 반환을 달성했지만, 먼 쪽의 샘플 반환은 지구와의 통신에 대한 추가적인 문제를 안고 있다. 이를 위해 중국은 2024년 3월 중계 위성 커차오 2호(까치교 2호)를 발사해 달 타원 궤도에 올려 창어 6호의 통신을 지원했다. 달의 반대편은 지구와 반대쪽을 향하고 있기 때문에 추가된 통신 인프라가 필요하다.

2019년 먼 쪽에 착륙한 창어 4호는 중국이 지구에서 약 45만 5000km 떨어진 라그랑주-2점(L2)에 배치되는 헤일로 궤도에 배치한 중계 위성을 활용했다. 이 중계 위성 시스템은 2036년까지 달 기지 건설을 위해 달 뒷면을 조사하는 것을 목표로 하는 창어 7호와 창어 8호와 같은 미래의 달 탐사 임무 지원을 목적으로 만들어졌다. 뿐만 아니라 달 우주 상황 인식을 개발하는 데 도움이 될 중국의 야심찬 달 통신 인프라 계획을 지원하기 위해 설계되었다. 오랫동안 계획되어온 중국의 달군 물류 및 통신 인프라에 대한 전체 설계가 이제 구현 단계에 들어섰다.

중국의 창어 6호 임무에는 중요한 전략적, 지정학적 의미가 있다. 앞서 살펴본 것처럼 중국이 달에 영구적으로 주둔할 수 있는 장기적이고 지속가능한 능력을 개발하려는 노력은 몇 가지 중요한 것을 달성한 것이다. 중국은 달의 얼음, 헬륨-3와 같은 자원과 백금 및 티타늄과 같은 희토류 광물에 접근할 수 있는 달 능력을 개발할 수 있다. 이는 우주 강국으로서 중국의 성장과 성숙을 보여주고, 어려운 우주 임무에서 국제 파트너로서 중국의 매력을 공고히 할 것이다. 중국 공산당(CCP)이 혁신적이고 과학에 기반한 것을 선보일 예정이다.

2019년 창어 4호와 2020년 창어 5호 임무 이후 지난 몇 년 동안 중국의 달 탐사는 훨씬 더 깊은 전략적, 지정학적 의미가 있다.

중국 우주탐사 연혁			
1964년	첫 원자폭탄 개발 (미국, 소련, 영국, 프랑스 이어 다섯 번째)	2013년	첫 달 착륙 성공, 창어 3호
1970년	첫 인공위성 통팡홍 1호 발사 (미국, 소련, 영국, 일본 이어 다섯 번째)	2020년	첫 달 표본 수집 뒤 귀환, 창어 5호
		2020년	첫 화성 탐사선 발사, 텐원 1호
1999년	첫 우수선 발사, 선저우 1호	2022년	우주 정거장 텐궁 완성
2003년	첫 유인우주선 발사, 선저우 5호	2024년	세계 최초 달 뒷면 표본 수집, 창어 6호
2007년	첫 달 탐사선 발사, 창어 1호	2028년	달에 무인 연구기지 건설 [목표]
2011년	우주 정거장 텐궁 1호 발사	2030년	우주인 달 착륙 [목표]

출처 : 중국 국가사이버정보판공실(CAC), CNSA, NASA

첫째, 눈에 잘 띄고 어려운 달 탐사 임무를 시연하는 것은 중국의 달 탐사 야망과 일정에 엄청난 신뢰성과 추진력을 제공할 것이다. 특히 창어 6호가 달 토양 샘플을 성공적으로 수집해 승천선으로 옮긴 다음 귀환 캡슐로 자율적으로 옮길 경우 더욱 추진력을 받을 수 있다. 중국이 창어 6호를 예정대로 발사했다는 사실은 창어 7호(2026년), 창어 8호(2028년), 유인 달 탐사선(2030년), 영구 달 기지 건설(2036년) 등 향후 계획된 임무에 대한 일정을 살펴보면 된다.

중국의 성공은 중국 내 전체 우주 생태계에 활력을 불어넣고 있다. 국가 자금 지원을 받는 우주 기관뿐만 아니라 활발한 투자자 플랫폼의 지원을 받는 상업용 우주 벤처도 포함된다. 중국은 고속 위성 인터넷(화웨이, G60, 귀왕이 발사)을 지원하는 주요 저궤도 및 위성군과 같은 주요 우주기술과 재사용 가능한 발사 능력에 대해 벤처캐피털 투자가 증가하고 있다.

과학적 노력과 중국 공산당의 국가 전략의 융합은 분명하다. 창어 미션(1-5)에서 지금까지 달에 대해 수집된 모든 데이터를 바탕으로 중국 과학원(CAS) 지구화학연구소는 중국어와 영어로 제공되는 달의 지질 지도(Geologic Atlas of the Moon)를 발표했다. 저명한 우주 과학자 중 한 명이자 중국 달 탐사 프로그램의 배후인 어우양 쯔위안(Ouyang Ziyuan)은 "달의 지질학적 지도책은 달의 진화를 연구하고, 미래의 달 연구 기지 부지를 선정하고, 달 자원을 활용하는 데 매우 중요하다"고 말했다.

이달 지도책은 2012년부터 중국과학원(CAS)의 과학자팀이 아폴로 시대에 수집된 NASA의 달 데이터보다 훨씬 더 발전된 과학적 달 데이터를 제공하기 위해 개발했다. 아폴로 시대에 발표된 달 지질도는 약 반세기 동안 변경되지 않았고 여전히 달 지질 연구에 사용되고 있다.

달 지질학 연구가 발전함에 따라 이러한 오래된 지도는 더 이상 미래의 과학 연구와 달 탐사의 요구를 충족시킬 수 없다.

이 프로젝트에 참여한 과학자들은 데이터의 아폴로 시대 이후의 성격을 강조했으며, 어떤 의미에서는 창어의 시대를 가져왔다. 과학에 기반하고 달 자원 활용 프로그램에 대한 명확한 증거가 있고, 그동안 추진된 것을 바탕으로 내러티브(narrative) 분석을 해보면 중국 국제 달 연구 기지(ILRS)의 국제 파트너를 끌어들이기 충분하다.

중국이 우주에서 더 많은 성과를 거둘수록 미국 우주 계에서는 NASA, 국가 우주위원회, 백악관 과학기술국이 중국 국영 우주 기관과 협력하는 것을 금지하는 2011년에 제정된 미국 법안으로 울프 수정안(Wolf Amendment)과 같은 법안에 대해 더 많은 의문이 제기되고 있다. 이는 중국이 매우 권위주의적인 민군 융합 우주 프로그램을 기반으로 자체 우주 역량을 개발함으로써 상당 부분 의도한 것이다. 명시된 기한을 지키는 데 집요하게 초점을 맞추고 있다. 더욱이 시진핑 주석에 따르면 중국의 민간과 군사 우주 역량은 중국을 주요 우주 강국으로 만들고 2049년까지 글로벌 리더가 되기 위한 필수 요소다. 최근 인민해방군(PLA)의 구조조정에서 이러한 측면을 목격했으며, 항공우주군을 인민해방군(PLA)의 별도 부서로 창설했다.

창어 6호는 또 다른 중요한 전략적, 지정학적 의미가 있다. 이는 중국이 달을 향해 나아가는 길의 규칙을 정할 수 있는 합법적 힘을 개발하는 데 도움이 된다. 서방이 주도하는 국제질서에 도전하고 중국 공산당이 이끄는 중국을 정당한 대안으로 제시한다. 이를 위해 중국은 국제달연구기지협력기구(ILRSCO)를 개발하기 위한 의정서를 수립했다. 2024년 3월 우주 자원 활동의 법적 측면에 관한 유엔 실무 그룹에 제출된 중국의 입장 보고서에서 더욱 정교화되었다. 입장 보고서에서 중국은 다음과 같은 계획을 강조했다.

2024년 상반기에 창어 6호 달 탐사선을 발사해 달 뒷면에서 달 표토 샘플을 채취해 가져오고, 2026년경 창어 7호 달 탐사선을 발사해 달 남극에 착륙한 뒤 한두 개의 그림자 지역을 뛰어다니며 물-얼음 등 달 자원을 탐지한다. 창어 8호 달 탐사선은 2028년경에 발사되어 달 자원의 활용에 대한 실험적 검증을 받을 예정이며, 중국은 국제 파트너들과 협력해 향후 10년 동안 국제 달 연구 기지를 설립하고 그 안에서 달 자원의 현장 활용을 검증할 예정이다.

이 입장 보고서는 1967년 우주 조약의 규정과 비전유원칙(Non-Appropriation Principle)의 필요성을 강조한다. 비전유원칙은 우주를 마치 공해(high seas)와 같이 누구나 자유롭게 접근해 사용 수익이 가능하나 점유할 수 없다는 것이다. 그러나 우주자원 활용은 우주조약(OST)의 범위 내에서 합법이라는 중국의 입장이 주목할 만하다.

비수용에 대한 입장과 달리 2036년까지 달에 영구 기지를 건설하는 것은 중국-러시아 기지를 어떻게 규제할 것인지, 기지가 건설되는 영토를 ILRS 회원국이 아닌 다른 사람들과 어떻게 공유할 것인지에 대한 문제를 제기할 것이다. 중국이 달에 기지를 건설하는 데 성공한다면,

이는 중국이 전략적, 지정학적 목적 모두에서 유리한 고지를 차지하게 된다는 것을 의미한다. 중국은 달 기지를 이용해 외교력과 기술력을 과시할 수 있다.

특히 중국의 달 기지에 대한 야망은 미국의 달 아르테미스 베이스캠프를 훨씬 능가한다. 예를 들어, 중국과 러시아는 원자력 발전을 위해 달에 원자로를 건설하고 있다고 발표했다. 중국과 러시아는 10년의 설계 수명 동안 1.5MW의 전력을 생산할 계획이지만, 아르테미스 베이스캠프는 40kW의 원자력만 생산할 계획이다. 예를 들어, 2020년 12월 트럼프 행정부가 발표한 우주 정책 지침에 따르면 미국은 "달의 지속적인 존재와 화성 탐사를 지원하기 위해 40kWe(소규모 발전 시스템)의 전력 범위까지 확장 가능한 달 표면의 핵분열 전력 시스템을 시연해야 한다"고 명시되어 있다.

중국은 달 탐사 성공의 발판을 파트너를 끌어들이기 위해 활용하고 있다. 파키스탄 우주기술연구소(Pakistan Institute of Space Technology)가 설계한 최초의 달 큐브샛 ICUBE-Q가 창어 6호 미션을 통해 성공적으로 발사된 파키스탄 외에도 러시아, 벨라루스, 남아프리카공화국, 이집트, 아제르바이잔, 태국, 베네수엘라, 이집트가 ILRS 회원국이다. 아랍에미리트의 샤르자 대학교는 ILRS와 협력하기 위한 양해각서(MoU)를 체결했다. 케냐 의 케냐 과학기술고등연구소(Kenya Advanced Institute of Science and Technology)와 에티오피아의 우주과학 및 지리공간 연구소(Space Science and Geospatial Institute)도 ILRS와 파트너십을 맺기 위한 MOU를 체결했다.

중국은 우주 비행의 날을 기념해 ILRS의 새로운 파트너를 발표했다. 여기에는 아시아태평양우주협력기구(ASO), 아랍천문학우주과학연합(Arab Union for Astronomy and Space Sciences)이 포함됐다. 북대서양조약기구(NATO·나토) 회원국인 터키가 국제식량기구(ILRS) 가입을 신청했다.

중국의 창어 6호 임무는 달의 뒷면에서 달 샘플을 채취해 지구로 귀환시키는 데 성공할 경우 중국 우주 프로그램의 게임 체인저가 될 것이다. 이는 중국을 21세기 우주 강국으로 만들겠다는 중국 공산당의 기술적, 정치적 의지를 증명한다. 이번 달 탐사 임무는 달에 영구적인 주둔을 확립하고 다른 나라들, 특히 개발도상국과 우주 능력을 공유하는 지정학적 리더가 되겠다는 훨씬 더 원대한 중국의 야망을 알 수 있다.

중국의 우주 성공은 우주 프로그램의 민군 융합 측면과 우주 기관을 포함한 중국 내 모든 기관이 중국 공산당에 바쳐야 하는 절대적인 충성심 등 몇 가지 본질적인 내부 현실을 모호하게 만든다. 2049년까지 국가 부흥과 기술 리더로 부상하겠다는 목표에 집중하는 중국의 국익을 능가하는 것은 없다. 중국의 우주 성공은 이러한 포괄적인 국가 권력 구축의 일환이다.

인도 재벌들도
우주전쟁 참전

일론 머스크 테슬라 최고경영자(CEO)가 저궤도 위성 통신망 '스타링크'의 인도 시장 진출을 추진 중인 가운데 인도의 억만장자들이 스타링크에 도전장을 내밀고 있다. 인도의 통신 대기업 바르티에어텔은 스타링크에 대항할 위성 인터넷 서비스 출시를 위해 글로벌 위성 통신 기업 유텔셋-원웹과 합작 투자사를 출범하고 운영하고 있다. 바르티에어텔은 가입자 규모 기준 세계 3위권 이동통신사로 인도 통신 바르티그룹 회장의 주력 사업체다. 전통적인 광대역 서비스(광대역) 없이 외딴 지역에 있는 인도 육군과 해군에 인터넷을 제공하는 방안을 논의 중이며 해당 기술 부문에서 경쟁업체보다 우위에 있다. 바르티에어텔은 다른 경쟁사들과는 달리 서비스 출시에 필요한 모든 승인을 얻었으며 모디 정부가 위성 스펙트럼을 할당하면 즉시 출시할 수 있는 상태라고 했다.

아시아 최고 부자로 손꼽히는 무크시 암바니(Mukesh Ambani)는 릴라이언스 인더스트리 회장도 룩셈부르크의 위성 네트워크 제공업체와 함께 지오스페이스파이버를 설립하면서 우주 통신 경쟁에 뛰어들었다. 릴라이언스는 9억 2,400만 명에 달하는 인도의 유·무선 광대역 가입자 중 절반 이상을 보유한 인도 최대 에너지·통신 기업이다. 인도 우주산업 당국의 위성 인터넷 서비스 출시 승인 예정이다. 이들 기업이 공격적인 위성 통신 산업 투자에 나선 배경에는 머스크 CEO의 스타링크 인도 도입이 지연되고 있는 틈을 타 시장을 선점하려는 의도가 있는 것으로 풀이된다. 인도 규제당국은 스타링크 서비스 제공업체인 스페이스X의 주주 정보 공개를 요구하고 있으나 미국 개인정보 보호법에 따라 규제당국의 요구를 거부하면서 서비스 출시가 3년째 지연되고 있는 것으로 전해졌다. 이에 머스크 CEO는 지난해 미국을 방문한 나렌드라 모디 인도 총리를 만나 스타링크 출시 승인을 설득한 것으로 알려지기도 했다.

왜 달 착륙을
목표로 하고 있을까?

    달에 발을 디딘 우주비행사들의 숫자는 50년 넘게 변하지 않았다. 오직 12명만이 이 특권을 누렸지만, 그 숫자는 곧 증가할 것이다. 달 탐사를 위한 미국과 소련 우주국 간의 역사적인 두 나라 경쟁은 전 세계적인 관심사가 되었다. 달 궤도를 돌거나 달 표면에 착륙하는 임무는 현재 유럽과 중동에서 남태평양에 이르기까지 정부와 상업 회사에서 수행하고 있다. 1969년에서 1972년 사이 미국의 아폴로 미션이 성공했음에도 불구하고, 현재까지 달에 착륙한 국가는 5개국에 불과하다. 중국은 달을 눈앞에 두고 있는 가장 야심에 찬 국가 중 하나다. 중국은 2007년과 2010년 두 차례 궤도 비행에 성공한 후 무인 착륙선을 착륙시켰다 창어 3호 2013년에 6년 후 창어 4호는 달 뒷면에 착륙한 최초의 미션이 되었다. 로봇 창어 5호는 2020년 달 샘플을 지구로 귀환시켰고, 창어 6호는 달 반대편에서 착륙해 첫 번째 샘플을 가져올 예정이다.

중국의 야망은 여기서 그치지 않는다. 중국은 2030년 이전에 우주 비행사 한 쌍을 달에 보내는 것을 공개적으로 목표로 하고 있다. 새로운 유인 발사체, 차세대 유인 우주선, 달 착륙선, 지상국 확장 등 이러한 임무를 수행하는 데 필요한 여러 분야에서 명백한 진전이 있다. 중국은 장기적인 달 및 유인 우주 비행 노력을 계획하고 실행할 수 있음을 보여주었다. 최근 미국 NASA의 달 탐사 프로그램이 연기되었다고 발표했다. 아르테미스달 표면에 우주인을 착륙시키려던 계획을 빠르면 2026년 9월로 미룬 것은 미국과 중국의 '달 경쟁'이라는 수식어를 낳았다. 중국이 매우 공격적인 계획을 세우고 있다고 생각된다.

물론 중국도 발사 일정이 지연될 수 있다. 중국은 달에 대규모 인프라를 구축하기 위해 초대형 발사대가 필요하다. 창정 9호 로켓 프로젝트 변화가 있었기 때문에 첫 번째 임무가 2030년에서 2030년대 초중반으로 지연될 수 있다.

인도는 무인우주선으로 달에 착륙한 네 번째 국가가 됐다. 찬드라얀-3을 2023년 8월에 달 남극 근처에 착륙했다. 성공 후 인도 우주 연구 기구(ISRO) 의장은 다음과 같은 목표를 발표했다. 이처럼 혼잡한 분야에서 가장 큰 문제는 달 탐사의 다음 단계에서 누가 차세대 글로벌 플레이어가 될 것인가 하는 것이다.

한편, 일본의 슬림(Slim, Smart Lander for Investigating Moon) 미션은 최근 달 착륙선을 달 땅에 착륙시켜 가장 가까운 이웃 나라의 다섯 번째 국가가 되었다. 일본 우주국은 미국 아르테미스 프로그램의 하나로 일본 우주비행사를 달에 보내기 위한 협상이 거의 끝나가고 있다. 이스라엘, 한국, 유럽우주국(ESA)의 여러 회원국과 같은 다른 국가들도 로봇 우주선을 달 궤도에 배치했다. NASA는 최근 아랍에미리트(UAE)의 모하메드 빈 라시드 우주센터(Mohammed Bin Rashid Space Centre)가 게이트웨이에 대한 에어록 제공, 아르테미스 임무를 위해 계획된 달 궤도 우주 정거장을 가는 이유는 다양하다. 과학 지식과 기술 발전이 잠재적으로 유용한 달 자원과 정치적 또는 경제적 가치에 접근할 수 있다. 한편, 영국의 우주산업은 경기 침체 기간 매우 견고했다.

이러한 가운데 주요 과제는 달 탐사의 다음 단계에서 누가 차세대 글로벌 플레이어가 될 것인가 하는 것이다. 더 이상 국가 우주 기관의 전유물이 아니다. 상업 회사들도 달 운항의 일부를 원한다. 중국은 2014년 최초의 상업 달 탐사 임무를 시작했지만, 소규모 민간 자금 지원 만프레드 메모리얼 문 미션(Manfred Memorial Moon Mission)에 의해 만들어진 달 비행을 위한 초소형 위성(61cm×26cm×10cm)이 있다.

피츠버그에 본사를 둔 회사인 아스트로보틱(Astrobotic)은 송골매 미션 1호(Peregrine Mission 1)를 발사했다. 1972년 아폴로 17호 이후 달 표면에 착륙한 최초의 미국 우주선이었다. 불행히도 발사 직후 '추진체의 치명적인 손실'은 착륙하지 않고 귀환해야 했다. 달에 착륙할 가능성이 존재하기 때문에 우주경제가 따라잡기 시작하는 것을 알 수 있다.

미션 목표	• 달 표면 착륙 및 탐사 • 달 기지 건설 및 장기 체류 • 달 자원 탐사 및 활용 기술 개발
기술 전략	• 달 착륙 및 이착륙 기술 확보 • 달 표면 이동 및 탐사 기술 개발 • 달 기지 건설을 위한 생존 시스템 기술 확보
국제 협력 전략	• 달 탐사 선도국들과의 협력 체계 구축 • 비용 분담 및 역할 분담을 통한 효율성 제고 • 국제 표준 및 규범 마련을 위한 노력
인력 및 조직 전략	• 우수한 과학기술 인력 확보 • 미션 수행을 위한 전문 조직 구축 • 장기 프로젝트 수행을 위한 체계적 관리
재원 조달 전략	• 정부, 기업, 민간 투자자 등 다양한 재원 확보 • 비용 절감을 위한 혁신적 기술 개발 • 달 자원 활용을 통한 수익 창출 모델 마련

인튜이티브 머신의 사장 겸 CEO인 스티브 알테무스(Steve Altemus)는 '달 탐사를 발전시키는 파트너로서 우리는 예상치 못한 도전에 대한 집단적 실망을 이해하고 공유한'이라고 했다. 또한 "인류의 진보를 위해 달에 대한 접근을 개방하기 위해 내재 된 위험을 수용하면서 이해의 경계를 계속 넓히고 있다는 것은 우주 커뮤니티가 되고 있는 것이다"라고 했다.

성공확률이 높은 달 착륙은 우주경제의 시작이라고 보고 있다. 미국은 2018년 달을 전략적 이익으로 선언했다. 알테무스는 '달 경제의 시작으로 보는가?'라는 질문에 "당시 미국에는 달 착륙선이나 달 탐사 프로그램이 존재하지 않았다"고 했다. 오늘날 12개 이상의 회사가 새로운 시장인 착륙선을 제작하고 있다. 그 결과 달을 위해 건설되는 탑재체와 과학 장비 및 엔지니어링 시스템의 증가가 가능했다.

우리는 달 착륙의 전망이 존재하기 때문에 경제가 따라잡기 시작하는 것을 보고 있다. 우주는 인간의 엄청난 노력이며, 우주는 전략적 필요성이 있어서 항상 정부 주도의 프로젝트가 주도했다. 하지만 이제 역사상 처음으로 상업 기업이 참여할 수 있는 여지가 생겼다. 최근 몇 년 동안 인도에서는 픽셀(Pixxel), 드루바 스페이스(Dhruva Space), 벨라트릭스 에어로스페이스(Bellatrix Aerospace), 하이데라바드(Hyderabad)와 같은 우주 스타트업이 붐을 일으켰다. 스카이루트 에어로스페이스(Skyroot Aerospace)는 2022년에 인도 최초의 민간 로켓을 발사했다.

스카이루트 에어로스페이스는 일본 아이스페이스와의 협력하는 두 번째 로봇 달 착륙을 시도할 예정이다. 이 협력은 저렴한 달 위성 임무에 대한 수요를 자극하는 것을 목표로 한다.

현실적인 문제를
마주한 우주산업

냉전 시대부터 지금까지, 우주에서의 국가 경쟁은 계속해서 치열해지고 있다. 다만 뉴스페이스 시대에는 각국이 기업을 지원하는 형식으로 경쟁한다는 특징이 있다. 1967년 제정된 우주조약에서 국가의 우주자원 소유를 금지하고 있지만, 사적 소유에 대한 부분은 언급이 없다는 점을 이용하는 것이다. 특히 미국의 경우 2015년에 상업용 우주 발사 경쟁력에 관한 법률을 제정하면서 국내 기업의 우주자원 이용에 대한 재산적 권리를 명시적으로 인정하기도 했다. NASA는 민간기업이 발사체를 사용해야 하는 우주공간에서의 수송 작업을 대신하도록 하고 있다. 민간기업이 우주 분야에서 충분한 경제적 가치를 창출할 수 있도록 확실하게 지원하고 있는 것이다.

우리나라 역시 세계적 흐름에 발맞춰 우주산업 경쟁력 확보를 위해 노력 중이다. 올해 우주항공청이 개청이 그중 하나라고 볼 수 있다. 우주산업 클러스터 지정, 우주 신기술 지정 및 기술이전 촉진, 우주 전문 인력양성 등의 내용을 포함한다. 우주기업들의 이윤을 보장해 우주산업 참여를 늘리고 시장을 활성화하기 위한 최소한의 제도적 조치가 될 것이다. 하지만 필자는 우주항공청 개청에 기대가 큰 만큼 아쉬움도 많다. 부처 이름도 우주산업의 컨트롤타워 역할에 집중하기 위해 우주청으로 했으면 어땠을까? 항공산업은 국토부와 산자부에 업무 소관이 더 많은 것이 현실이다. 우주항공청에서 어떤 업무 소관이 있을지 애매한 부분이 있다. 필자는 방위사업청 개청부터 신설 부처의 어려움과 극복해야 할 것들을 충분히 이해하고 있다. 우주항공청은 연구기관이 아니다. 정책과 제도를 수립하고 우주 사업 예산을 반영하기 위한 사업기획과 계획을 하는 정부기관의 조직이다. 기존에 항우연(한국항공우주연구원)의 역할 집중화는 국과연(국방과학연구소)의 지난 사례들이 교훈이 될 수 있을 것이다.

뉴스페이스 시대의 우주 환경은 큰 변화를 앞두고 있다. 1998년 운영을 시작한 국제우주정거장은 노후를 이유로 2030년 운영을 종료할 예정이다. 반면 민간이 소유한 우주물체는 기하급수적으로 늘어나고 있다. 민간 영향력이 커지는 우주산업 시대가 한 걸음 다가온 만큼 민간기업의 기술혁신이 필요한 상황이다. 기업과 정부 간 협력은 이러한 혁신을 위한 필수 요소다. 민관협력 사업은 공공과 민간이 서로의 필요로 위험과 비용을 공유한다. 공공은 민간으로부터 자금을 조달하고 민간은 실패에 대한 국가적 책임 및 이윤 보장을 공공에 요구한다. 우주산업은 투자 결과가 나오기까지 굉장히 오랜 시간이 걸려 투자자 설득이 힘들고 기업이 우주 진출에 필요한 기술을 개발할 수 있도록 국가가 충분한 지원을 할 필요가 있다.

우주경제 달성을 위한 1조 달러 규모에 관한 질문

골드만삭스, 모건스탠리 등 거물급 투자 은행들이 2040년까지 1조 달러 규모의 우주경제를 달성할 것이라는 예측은 지난 50년 넘게 업계 전반에 걸쳐 반향을 일으켰다. 실제 우주경제 달성을 위해서는 여전히 많은 기술적, 재정적, 정책적 과제들이 해결되어야 한다. 최근 들어 민간 우주기업들의 활약으로 우주경제 실현 가능성이 높아지고 있지만, 아직 규모와 성숙도 면에서 갈 길이 멀다. 따라서 우주경제 달성은 지속적인 노력과 투자가 필요한 장기적인 목표라고 볼 수 있다. 우주 사업에서도 전례 없는 성장이 이뤄질 것이라는 공감대가 형성되어 있다. 인공위성, 발사대, 그리고 대부분 사람이 우주 사업이라고 생각하는 것의 연간 총수익이 오늘날 약 3,300억 달러에서 정확히 언제 어떻게 증가할 수 있는지는 질문을 하기도 한다.

우주 리서치 회사인 유로컨설트(Euroconsult)의 컨설턴트인 루카스 플레니(Lucas Pleney)는 '이는 실로 1조 달러짜리 질문'이라며 '그러한 장기적인 시장 예측은 일반적으로 많은 불확실성을 수반하기 때문'이라고 말했다. 플레니에 따르면 우주경제가 16년 안에 세계 국내총생산(GDP) 성장률을 능가하는 1조 달러에 도달할 수 있다는 것이다. 이 타임라인에 대한 예측을 약화할 수 있는 예상치 못한 '블랙 스완' 사건이 발생할 가능성이 있지만 업계 전반에 걸쳐 낙관론이 확산하고 있다. 하지만 우주에서 연결성, 이미지 및 기타 서비스를 도입하는 속도가 예상보다 훨씬 느리게 진행되어 시장 추정치가 바뀔 가능성을 갖고 있다. 1조 달러 규모의 경제에 도달하는 것은 기업 대 소비자 시장이 널리 채택될 때만 가능할 것이다. 우주가 지금과 같은 상태로 유지된다면 우리는 1조 달러에 도달하지 못하고 정체될 가능성도 있다.

상향식 예측

맥킨지(McKinsey & Co.)와 세계경제포럼(World Economic Forum)의 연구원들은 앞으로 나타날 명백한 성장에 대한 보다 세부적인 관점을 얻기 위해 1년간의 작업 끝에 우주경제에 대한 자체 예측을 완료했다. 맥킨지의 시니어 파트너인 라이언 브루카르트(Ryan Brukardt)는 "우리는 누군가가 내놓는 수치가 무엇이든 지지한다"라고 했다.

우주산업은 매년 약 7%씩 성장해 2035년에는 7,750억 달러에 달할 것으로 예상되며, 전 세계 GDP 성장률을 150% 앞지르는 수치다. 2030년대까지 매년 6~8%씩 성장할 것으로 예상되는 반도체 산업과 어깨를 나란히 할 것이다. 우주경제는 현재 약 6,300억 달러에서 이번 10년 말까지 1조 1,600억 달러로 성장해 2035년에는 거의 1조 8,000억 달러에 이를 수 있다.

유비쿼터스(Ubiquitous)에 도달

유비쿼터스라는 용어는 라틴어 'Ubique'에서 유래했다. '어디에나 존재하는'이라는 뜻을 가지고 있다. 우주경제의 확장을 이끄는 4가지 주요 성장 엔진을 살펴보자.

첫 번째는 발사 비용 감소다. 스페이스X의 빠른 속도와 로켓 재사용 가능성 덕분에 매년 궤도를 도는 위성의 수가 최근 50%의 비율로 증가하지만 발사 비용은 지난 20년 동안 10배 감소했다. 스페이스X은 시장에 출시된 다른 차세대 로켓과 함께 발사 가용성과 용량의 향상을 제공했다.

두 번째는 상업적 혁신이다. 민간 자금으로 운영되는 기술 발전으로 더 저렴하지만, 점점 더 많은 기능을 갖춘 위성이 가능해지고 있다. 예를 들어, 지구 관측 운영자는 수십 년 전 약 3미터에서 개선된 15센티미터의 해상도로 물체를 식별하는 서비스를 제공하고 있다.

세 번째는 더 넓은 투자자 생태계다. 한때 정부와 억만장자에 국한되었던 우주 생태계는 이제 다양한 벤처캐피털 리스트와 사모 및 공모 투자자에 의해 촉진되고 있다. 가장 최근에는 기업인수목적회사(SPAC)가 상장된 후 기업과 합병해 투자자 이탈을 가속하는 백지 수표 회사로 좋든 나쁘든 많은 신생 우주기업을 주식 시장으로 끌어들였다. 더 크고 역동적인 투자 풀은 자본 수요가 높기로 악명 높은 산업에 기록적인 자금을 조달했다.

네 번째는 문화적 채택이다. 지정학적 중요성 증가로 더 저렴하고 더 많은 이용 가능한 서비스다. 지상파 네트워크와 잘 어울리는 표준화된 프로토콜은 우주에 대한 문화적 인식을 향상시키고 있다. 정부와 기업 리더들은 우주가 미래에 어떤 기능을 가능하게 할 수 있는지에 대해 점점 더 많은 질문을 하고 있다.

정부 수요는 처음부터 우주경제를 뒷받침해왔다. 견고한 상업적 성장에도 불구하고 국가 후원 투자가 여전히 전체 시장의 거의 절반을 차지할 것으로 예상한다. 정부기관은 고급 제품 및 서비스에 대한 수요를 촉진하는 데 특히 중요하며, 국가 안보와 자율성을 강화해야 할 필요성으로 인해 미국, 중국 및 기타 기존 우주 국가들은 계속해서 정보 요구사항에 막대한 투자를 할 것이다. 민간 측면에서는 재난을 예측하고 대응하는 데 필요한 연구와 역량에 대한 투자가 증가할 것으로 예상된다. 한편, 전 세계 우주 기관의 수는 2000년 40개에서 거의 두 배로 증가한 후 계속 증가할 것으로 보인다. 이것은 민간 공간에 중요한 의미가 있다. 아랍에미리트가 우주국을 설립한 지 10년도 채 되지 않아 이미 국제 우주 정거장에 우주비행사를 보내고 화성에 탐사선을 보냈다고 지적했다.

몇 년 전 상업 분야가 단기적으로 정부를 크게 앞지를 것이라는 주장이 있었다. 어쩌면 놀랍기도 하고 아닐 수도 있지만, 국가 안보, 정부 및 민간 자금이 실제로 몇 년 전에 예상했던 것보다 더 빠르게 성장하고 있는 것이다. 상업 시장이 정부를 추월할 것이라는 데는 의심의 여지가 없으며, 주로 전 세계적으로 연결성에 대한 끊임없는 수요를 충족시키려는 서비스가 주도할 것이다. 실제로 위성 광대역 서비스의 성장은 전통적으로 상업 우주경제의 주축이었던 위성 TV의 지속적인 감소를 쉽게 앞지르고 있다.

우주 인프라에서도 비슷한 상황이 벌어지고 있다. 계획된 사업을 따라잡기 위해 더 많은 위성과 잦은 발사가 필요하지만, 우주선과 로켓도 점점 저렴해지고 있다. 2023년에서 2035년 사이에 탑재체를 발사하기 위한 킬로그램당 가격은 약 40% 하락할 것으로 예상되며, 보고서는 스타십과 같은 초대형 발사대가 시장의 2/3 이상을 차지할 것으로 예상한다. 발사 부문은 현재 130억 달러에서 2035년까지 320억 달러로 성장해 증가하는 우주선의 양과 질량을 배치해 상업용 위성 시장이 120억 달러로 3배 성장할 것으로 예상한다.

급증하는 우주 기반 데이터를 처리하는 데 사이버 보안이 점점 더 중요한 문제가 됨에 따라 지상 운영 수익은 5배 증가한 110억 달러에 이를 것으로 예상된다. 우주 데이터의 확산과 궤도에 대한 접근성 증가는 새로운 경제구도를 열어줄 것이다. 우주경제 보고서는 2035년 7,750억 달러 이상으로 전망하고 있다. 정부 자금 지원 감소는 더 넓은 우주 생태계를 지원하는 데 필요한 혁신을 방해할 것이다. 생태계 전반에 걸쳐 여전히 많은 정부 지원이 이뤄지고 있는 것은 분명하다.

우주경제에 대한 예상 성장의 대부분은 스타링크 및 유텔셋의 원웹과 경쟁하려는 아마존 및 기타 업체들의 광대역 별자리 배치와 같이 향후 몇 년 동안 빠르게 결합하는 여러 움직임이 예상된다. 문제는 너무 빠르지 않으냐는 것이다. 이러한 것들이 나타날 수 있는 빠르기가 충분한 사용자와 소비자가 있을지 의문이 생긴다.

2023년에서 2035년 사이에 연간 평균 180개의 발사체 출시가 예상된다. 실제로 용량을 구축하기 위해 향후 몇 년 동안 결과가 예상되는 새로운 발사체가 많이 있다. 그러나 발사 속도가 느려지면 우주경제에 영향을 미치겠지만 스타링크 경쟁사들이 위성 배치를 서두르면서 향후 3년에서 5년 동안만 문제가 될 것이다. 향후 10년 동안의 모든 낙관론에도 불구하고, 현재의 민간 투자 환경은 놀라울 정도로 암울한 그림을 그리고 있다. 우주경제에 대한 민간 자금이 크게 감소했다. 높은 인플레이션과 금리 등 거시경제 상황 악화가 업계를 우울하게 만드는 것만은 아니지만, 최근 SPAC 합병 이후 상장한 우주기업들의 실망스러운 실적도 도움이 되지 않고 있다. 투자자들의 욕구는 상당히 변동성이 클 수 있고, 생태계의 진화에 직접적인 영향을 미친다.

유텔샛(Eutelsat)/원웹(OneWeb), 비아샛(Viasat)/인말샛(Inmarsat), L3해리스(L3Harris)/에어로젯 로켓다인(Aerojet Rocketdyne)의 합병에 이어 10년 동안 이어진 우주산업을 합리화하는 방법으로 추가 통합을 가능성이 있다.

SPAC을 통해 상장한 더 많은 신생 기업들도 실망스러운 재무 결과 속에서 비상장 기업으로 복귀할 수 있다. 2024년 개인 투자자들이 조달한 자금이 지난해보다 더 많을지 예측하기는 상당히 어렵다. 1조 달러 규모의 경제가 가능하기는 하지만, 이는 특히 글로벌 거시경제의 맥락에서 오늘날 매우 불확실해 보이는 몇 가지 성장 동력의 실현에 달려 있다.

우주산업에 대한 무어의 법칙

우주는 수십 년 동안 저성장 한 후, 2015년 이후 매년 발사되는 우주선의 수는 2년마다 두 배씩 증가하고 있다. 이러한 추세는 둔화할 기미가 보이지 않고 있으며, 향후 몇 년 동안 수만 개의 우주선이 발사될 예정이다. 60년 동안 더 낮은 비용으로 계속 증가하는 컴퓨팅 파워의 결과는 사회, 경제 및 삶의 방식을 변화시켰다. 무어의 법칙은 집적회로에 포함되는 트랜지스터의 수가 약 18개월마다 2배씩 증가한다. 즉, 동일한 비용으로 집적회로의 성능이 약 2배씩 향상된다.라는 것이다. 우주에 대해 제안된 무어의 법칙(Moore's law) 추가 세션은 8년 남짓 동안 기하급수적으로 증가하고 있다.

첫째, 최근 인공위성이 거의 모든 성장은 일반적으로 고도 2,000km 미만으로 정의되는 지구 저궤도(LEO)에서 이루어진다는 점을 지적할 필요가 있다. 이들은 정지궤도 위성이 아니다. 이 위성들의 대다수는 정부용이 아니라 상업용이다. 스페이스X는 이미 5,000개 이상의 스타링크 위성을 배치했으며, 최소 7,000개, 최대 42,000개까지 더 배치할 계획이다. 중국은 제안된 13,000개의 위성 귀왕 별자리 중 첫 번째 위성을 발사했다. 아마존은 3,236개의 위성을 탑재할 카이퍼 위성군의 첫 번째 위성을 발사했다. 중국 G60 위성군은 최근 12,000개의 위성을 발사하기 위해 신청했다. 이 같은 계획이 현실화한다면 격년으로 두 배로 늘어나는 위성 발사 역시 계속될 것으로 보인다.

최근 위성 수 증가의 대부분은 2023년에 평균 약 4일에 한 번 로켓 발사를 한 스페이스X의 부상에 기인한다. 중국도 2023년 발사율이 6일에 한 번 정도가 될 정도로 크게 기여했다. 스페이스X가 현재 시장의 선두 주자라는 사실은 인텔이 중앙 처리 장치(CPU) 시장을 지배하던 시절을 떠올리게 한다.

흥미롭게도 프로세서에 대한 무어의 법칙에서 비롯된 기술 진보는 공간에 대한 무어 법칙의 성장에 기여했다. 우주선의 증가는 더 많은 로켓 발사뿐만 아니라 발사 당 운반되는 위성의 수가 증가했기 때문이다. 무어의 법칙 자체가 우주선 부품의 소형화를 가져왔고, 요즘에는 한 번에 최대 100개의 위성을 우주로 쏘아 올리는 발사를 보는 것이 드문 일이 아니다. 그러나 우주선이나 컴퓨터 처리의 기하급수적인 성장률을 순전히 기술적 진보 그 탓으로 돌리는 것은 잘못이다.

무어의 법칙은 기술적, 시장적, 경제적 요인이 복합적으로 작용한 결과다. 경제적 요인으로 인해 수요가 증가하고 기대치가 높아진다. 마찬

가지로, 우주선의 기하급수적인 성장은 우주항공기술의 발전 때문만은 아니다. 출시율이 높아지면 규모의 경제와 비용 절감이 가능하다. 우주선 발사 비용이 저렴해짐에 따라 새로운 사업 계획이 실현 가능해지고 있다. 통신 및 지구 모니터링과 같은 중요한 서비스가 점점 더 우주에서 제공됨에 따라 더 많은 자본 투자와 그에 따른 위성에 대한 더 많은 수요가 발생한다.

우주선의 발사 속도가 2년마다 계속 두 배로 늘어난다면, 세계는 이미 심각한 우주 쓰레기 문제의 심각성이 더욱 심화할 것이다. 현재 지구 저궤도에서 추적하고 있는 20,000개 이상의 물체의 실시간 궤도를 보여준다. 우주에서의 충돌은 이미 일어나고 있으며, 위성의 수를 늘리면 충돌의 위험만 증가할 것이다. 우주 쓰레기와의 충돌은 국제 우주 정거장(ISS)에 탑승한 우주비행사에게 가장 큰 위협 중 하나가 되었다. 현재 우주에는 약 8,000개의 활성 위성(거의 모두 LEO에 있음)이 있으며 약 12,000개의 10cm 이상의 파편이 추적되고 있다. 현재 우주에 있는 물체의 수만 추적할 수 있는 시스템을 설계하는 것은 근시안적이다. 우주에서의 충돌을 방지하기 위해 우리가 배치하는 솔루션은 발사 속도와 규모가 증가하는 현실에 부응하기 위해 기하급수적으로 성장할 수 있어야 한다.

우주 위성 운영, 우주 보안, 우주 정책 또는 우주기술에 대한 투자와 관련된 모든 사람이 지금 고려해야 할 진짜 질문은 우주에 대한 무어의 법칙에 따라 계획이 어떻게 영향을 받는가 하는 것이다. 이러한 추세가 암시하는 빠른 시간의 척도는 두 기술 시장 모두에 빠르게 진화해야 한다.

무어의 법칙이 지난 60년 동안 우리의 삶을 변화시켰듯이 우주에서의 무어의 법칙은 향후 60년 동안 우리의 삶을 변화시킬 수 있다. 우주와 관련해, 상업 회사들은 우주를 통해 제공되는 서비스와 그에 따른 이익의 엄청난 성장을 기대하고 있다. 이러한 미래에서 투자자들은 기하급수적으로 증가하는 기회를 보게 될 것이다. 엔지니어링 인재는 지속적인 피드백 루프를 따라갈 가능성이 크다. 우주로의 인류 확장, 새로운 과학적 발견 및 새로운 시장을 의미할 수 있다. 우주경제는 새로운 일자리와 부의 원천을 창출하고 지구에서의 우리의 삶을 개선할 수 있는 잠재력을 가지고 있다.

PART 06

우주경제를 위한 과제들

우주항공방산의
비즈니스 전략 수립을 위해

방산 수출 기대만 있을까?

놀라운 발전을 보이는 방산 수출을 지속하려면 많은 노력이 필요하다. 전 세계의 국방예산이 향후 10년 동안 지속해서 증가(약 14.6%)할 것으로 예상된다. 다른 경쟁국들의 대량 생산체계가 구축된다면, K-방산이 마주할 경쟁 구도는 어려울 수 있다. 따라서 수출 대상국의 범위 확대는 필수적이다. 2022~2023년간 한국이 전 세계 방산 수주 2위 달성에는 폴란드로의 수출이 있었기 때문이다. 만일 폴란드 수출이 없었다면 평년과 비슷한 규모의 수주를 달성했을 것으로 예측된다.

실제 수출 대상국의 수를 타 방산 수출 경쟁국과 비교했을 때 이와 같은 문제점은 더욱더 명확해진다. 한국의 방산 수출 경쟁국들은 약 20~40개 구매국으로 소비자층이 두텁지만, 한국은 평균 9.7개 구매국에 수출하는 데 그쳤다.

두 번째 당면 과제는 수출 포트폴리오 다변화다. K9 자주포를 비롯한 기동화력 분야의 재래식 무기뿐만 아니라 다양한 분야에 걸쳐 수출 포트폴리오를 구축해야 한다. 최근 한국의 방산 수출 순위는 장갑차와 자주포 분야의 수출로 유지되고 있다. 그러나 일반 제품과 비교하면 장기간 운용하는 무기체계의 특성상, 동일 품목에 대한 수출 지속을 기대하기란 어려운 일이다.

정부는 글로벌 방산 시장에서의 영역 확장을 위해 범부처 간 유기적 협업을 강화하고 있다. 수출 대상국들의 다양한 요구사항에 대해 경쟁국들보다 우수한 대안을 제시하기 위해서는 단일 부처의 노력으로는 한계가 있다. 수출 대상국의 요구사항에 대한 체계적 대응을 위해 정부는 2022년부터 안보실을 컨트롤타워로 해 방산 수출전략 회의, 방산 수출전략평가회를 운영해왔으며, 국방부·산업통상자원부가 공동 주관이라는 방위산업발전협의회 역시 진행해왔다. 또한 방위사업청 역시 무기체계별 통합수출 기획팀을 구성해 구매국의 요구사항에 대응해나가고 있다. 이런 다양한 협의체를 활용해 정부는 방산 수출 구매자금 지원 등 차질 없는 수출계약 이행을 위한 정책금융지원안을 마련해 왔다. 또한 원전·건설·반도체 등 타 산업 분야와 연계하는 등 방산 협력의 폭을 넓혀나가고 있다.

맞춤형 수출지원을 위한 국방기관 간 협업 역시 강화하고 있다. 우리 기업이 무기체계를 수출할 때, 방위사업청·국방기술진흥연구소(공동개발, 성능개량), 군(교육 및 훈련 장비 제공), 군수사령부(수리부속품 지원 협조), 국방과학연구소(기술이전), 국방기술품질원(국제품질보증) 등이 함께 지원안을 제시해 수출협상력을 강화하고 있다. 앞으로는 앞선 패키지 지원안을 더욱 발전시켜 수출 대상국 주변의 안보환경과 군사교리 분석을 기반으로 소요를 함께 발굴하고 실제 운용 교관까지 제공하는 등 더욱 더 세심한 맞춤 지원 역시 추진해 글로벌 기업의 공급망에 대한 적극적인 편입지원을 진행하고 있다. 특히, 민간 분야의 기술혁신이 강조되고 국제자본의 흐름이 원활해지는 오늘날의 비국가행위자인 글로벌 기업이 방산시장에서 차지하는 역할은 상당하다.

마지막으로 포트폴리오 다변화를 구축을 위해 몇 가지 과제를 정리해 살펴보면 다음과 같다. 수출 대상국 다변화를 위해서 기존 주요 수출국 외에 신흥 시장 개척을 통해 수출 대상국을 다양화해야 한다. 이를 위해 정부와 기업의 협력이 중요하다. 제품 포트폴리오 확대를 위해서 단일 품목 의존도를 낮추기 위해 항공, 함정, 지상 무기체계 등 다양한 제품군을 확보해야 한다. 기술 혁신과 R&D 투자가 필수적이다. 해외 마케팅 강화를 위해서 국제 방산 전시회 참가, 해외 바이어 초청 등 적극적인 해외 마케팅 활동을 펼쳐야 한다. 이를 통해 새로운 수출 기회를 발굴할 수 있다. 군수 협력 확대를 위해서 주요 수출국과의 군사 협력을 강화하고, 이를 통한 방산 수출 기회를 모색해야 한다. 국방 외교 강화가 중요한 역할을 할 수 있다. 기술경쟁력 확보를 위해서 첨단 기술 개발과 품질 향상을 통해 제품의 경쟁력을 가져야 한다. 이를 위해 지속적인 R&D 투자와 인력양성이 필요하다. 종합적으로 정부와 기업의 긴밀한 협력을 통해 다각도의 노력이 이루어져야 할 것이다.

방산 수출의 확대는 지정학적 긴장 고조 측면에서 러시아-우크라이나 전쟁, 중국-대만 갈등 등 지역 분쟁이 증가하고 있다. 이에 따라 주요국의 방위력 강화 및 무기 수요가 늘고 있다. 사이버 공격, 테러, 기후변화 등 비전통적 안보 위협이 증대되고, 이에 대응하기 위한 첨단 무기체계 개발 및 도입이 필요해지는 새로운 안보 위협 대두되고 있다.

신흥국의 방위산업 육성을 위한 노력도 눈에 띈다. 중국, 인도, 터키 등 신흥국의 자국 방산업 육성 정책에 적극적이고, 이를 위해 선진국의 기술 및 무기 도입 수요가 증가하고 있다. 기술 발전에 따른 무기체계 업그레이드도 방산 수출의 확대에 요소다. 인공지능, 드론, 사이버 등 첨단기술 발전으로 무기체계는 고도화되고 있으며, 기존 무기체계 대체 및 신규 도입 수요가 증가하고 있다. 이처럼 다양한 국제정세 변화가 방산 수출 확대의 기회를 제공하고 있다.

2

우주항공방산 분야
공급망 확보

우주항공방산의 자생적으로 이루어지기 위해서 국내 시장 조성이 중요한 만큼 탄소 소재 중심의 원소재-중간재-부품-완제기 업체의 균형적 발전과 전문화가 필요하다. 또한 인력양성 및 국내 인증기관 일원화 등의 제도 마련이 필요하다. 우주항공방산 분야에서는 특히, 소재에 대한 인증이 매우 중요한 이유는 국내에서 개발된 탄소 복합재에 대한 성능시험, 환경시험 등 물성 평가와 장기적인 지원체계 부족하기 때문이다. 국산 탄소섬유나 프리프레그(Prepreg) 제품 포트폴리오 확장과 함께 해외기업에 의존하고 있는 부품과 장비의 국산화가 시급하다.

예를 들면, 누리호의 37만여 개 부품을 국내 300여 개 기업과 기관이 자체 개발했지만, 핵심 소재인 탄소 소재 및 복합재는 수입에 의존할 수밖에 없어 진정한 국산화를 이뤘다고 말하기 어렵다. 소재 단계부터 국산화를 추진해나갈 필요가 있다. 우주항공방산 분야 공급망 완성을 위한 탄소산업 육성은 더 이상 미룰 수 없는 당면과제이고 탄소섬유 등 소재 원천기술 확보를 통해 해외 의존도를 줄여나가야 한다.

우주항공방산 공급망은 무수히 많은 고유한 과제에 직면해 있다. 다른 많은 부문과 달리 다양한 극복과제 매우 크다. 필수 구성요소 공급의 사소한 결함 하나가 수백만 달러의 비용을 초래하거나 최악의 경우 안전을 위협하고 사업의 지연으로 이어질 수 있다. 원자재 부족도 과제 중 하나다. 우주항공방산 공급망은 티타늄, 특수 금속 및 희토류와 같은 특정 원자재에 크게 의존한다. 이러한 자재의 공급이 중단되면 생산 일정에 상당한 영향을 미칠 수 있다. 더욱이 산업의 글로벌 특성으로 인해 지정학적 이유로 종종 공급망에 문제가 더욱 심화된다. 우주항공방산 기업은 국내외 다양한 규제를 받는다. 이러한 요구사항을 충족하려면 구성요소와 최종 제품이 엄격한 표준을 충족하도록 보장하는 강력한 우주항공 공급망 관리 시스템이 필요하다. 특히 방산 공급망은 고도로 맞춤화된 복잡한 시스템을 생산해야 하는 경우가 많다. 이러한 맞춤형 특성으로 인해 프로세스 마련과 협력기업의 체계 구축을 통한 안정적 공급망이 필요하다.

공급망 관리의 위험 요인

우주항공방산의 공급망 위험을 이해하는 것은 매우 중요하다. 효과적인 위험 관리 전략은 잠재적인 위험을 피하는 것뿐만 아니라 새로운 기회를 포착하고 우주항공방산 공급망의 장기적인 생존 가능성을 보장하는 것이다. 우주항공방산 기업은 종종 글로벌 규모로 운영되기 때문에 지정학적 긴장과 무역 전쟁에 취약하다. 이러한 시나리오는 사업일정, 비용 상승 등 필수 구성요소의 완전한 공급 중단으로 이어질 수 있다. 급격한 기술 변화로 인해 특정 구성요소가 쓸모없게 되거나 생산방법의 전환이 필요할 수 있다. 기업은 혁신에 보조를 맞추기 위해 우주항공방산 공급망 계획 및 최적화에서 민첩하고 능동적이어야 한다.

우주항공방산 공급망 계획 및 최적화

우주항공방산 기업들이 진정으로 발전하려면 사전 예방적 계획과 최적화에 참여해야 한다. 여기에는 고급 도구, 실시간 데이터 및 업계 모범 사례를 활용하는 것이 포함된다. 정확한 예측은 효과적인 공급망 계획이 될 수 있다. 실시간 데이터와 예측 분석을 활용해 기업은 수요 변동을 예측하고 그에 따라 재고 수준을 조정할 수 있다. 위험을 완화하고 자재나 부품의 원활한 흐름을 보장하기 위해 우주항공방산 기업은 공급업체, 파트너 및 이해관계자와 강력하고 투명한 관계를 구축해야 한다. 효과적인 우주항공방산 공급망은 고정되어 있지 않다. 지속적인 평가, 적응 및 학습이 필수적이다. 이를 위해서는 현재 프로세스를 모니터링하는 것뿐만 아니라 업계 동향과 잠재적인 중단을 파악해야 한다. 우주항공방산 부문의 공급망 문제를 극복하기 위한 첫 번째 단계는 직면한 고유한 장애물을 인식하고, 무수한 위험을 이해하고, 계획 및 최적화를 위한 강력한 프레임워크를 마련해야 한다.

우주항공방산, 더 성장하려면
스타트업을 육성해야 한다

　민간 주도의 다양한 우주산업·서비스를 일컫는 '뉴스페이스' 시대에 걸맞은 도전과 해외 경쟁력 제고 노력은 부족하다. 우리가 잘하는 로봇·반도체 산업과의 융합을 통해 새로운 우주 비즈니스 모델 창출이 얼마든지 가능하다고 본다. 이를 위해 우주 분야 스타트업 창업이 활성화될 수 있는 투자 환경 마련이 중요하다. 우주산업은 국가 안보 연관 산업이자 대규모 투자가 필요한 산업인 만큼 정부의 적극적 육성책과 더불어 민간 주도 성장 기반 마련을 위해 스타트업 육성 등의 노력을 병행해야 한다. 향후 우주 인터넷, 우주 관광, 우주자원 등 다양한 신규 시장에서 외국 선진 기업과 협력하면서 기술이전 활성화와 펀드 조성 등을 통해 국내 스타트업과 중소기업의 도전 문턱을 맞출 필요가 있다.

　아마존 웹 서비스(Amazon Web Services)는 미국과 유럽의 우주 스타트업 10곳을 선정해 클라우드 컴퓨팅 및 분석 기술을 사용해 비즈니스를 성장시키는 방법을 배우는 4주간의 액셀러레이터 프로그램을 진행하고 있다. 선정된 기업은 코그너티브 스페이스(Cognitive Space), 디오빗(D-Orbit), 데카르트 랩스(Descartes Labs), 에지비(Edgybees), 호크아이 360(HawkEye 360), 레오랩스(LeoLabs), 루나 아웃포스트(Lunar Outpost), 오비탈 사이드킥(Orbital Sidekick), 위성 VU(Satellite VU), 우르사 스페이스(Ursa Space)가 참여했다.

스타트업은 아마존 웹 서비스(AWS)의 클라우드나 지상국 서비스에서 중요한 부분을 차지한다. 새로운 우주산업 업체들은 공공 부문 업체들과 비슷한 도전에 직면해 있다. 데이터는 모든 것의 중심에 있다. 상업용 위성 사업자가 방대한 양의 데이터를 자동으로 강화하고 분석하는 데 도움이 되는 머신러닝과 같은 기술을 채택하고 있다.

이들의 기술들을 보면 커니티브스페이스는 위성 운영자를 위한 관리 서비스를 제공한다. 디오르비트는 우주 물류 및 운송 서비스, 데카르트 랩은 지리 공간 인텔리전스 및 분석, 에지비스는 증강 현실 소프트웨어를 사용해 항공 비디오와 이미지 향상을 하고 있다. 호크아이는 무선 주파수 신호를 사용해 해양 보안 및 위기 대응과 같은 활동을 추적하는 상업용 위성 운영자 및 데이터 분석한다. 레오랩은 고급 머신 러닝 분석과 지상 기반 위상 배열 레이더 네트워크를 사용해 지구 저궤도에서 우주 쓰레기를 추적한다. 루나 아웃포스트는 달과 화성 표면에서 인간의 존재를 연장할 수 있는 자율 로봇을 개발하고, 비탈 사이드킥은 초분광 위성 이미지와 머신러닝 알고리즘을 사용해 우주 기반 모니터링 서비스를 개발하고 있다. 또한, 영국의 위성은 기후 변화를 추적하기 위해 전 세계 인공 구조물의 열 방출을 모니터링하기 위해 노력하고 있다. 어서스페이스시스템은 우주 기반 지리 공간 인텔리전스 및 지구 관측 데이터를 제공할 계획이다. 파운더 인스티튜트(Founder Institute)의 공동 설립자이자 CEO인 아데오 레시(Adeo Ressi)는 "다소 무리한 목표일 수도 있지만, 우리의 목표는 2025년까지 500개의 새로운 우주 및 우주 탐사 회사를 설립하는 것이다"라고 했다. 우주 사업을 하거나 우주에 대한 열정이 있는 모든 사람에게 회사를 설립하기 위한 도전적 기회가 있다.

일본 우주 스타트업 활성화

벤처 기업들과 협력해 일본에 우주 스타트업 개발을 지원하기 위해 거의 10억 달러 규모의 기금을 설립할 계획이라고 한다. 일본은 1,000억 엔(약 9억 4,000만 달러)의 벤처캐피털을 5년 동안 국내 우주 분야 기업에 제공하는 새로운 계획을 발표했다. 자금은 일본 개발은행, 산업혁신기구 그리고 다른 기관들에 의해 제공될 것이라고 발표했지만 각 조직으로부터 얼마나 많은 자금이 올 것인지를 언급하지 않았다.

우주 벤처 개발을 위한 '지원 패키지'의 또 다른 요소는 개인 투자자와 기업을 포함한 투자자와 스타트업 기업을 연결하는 프로그램이다. 정부에는 위성 사업자인 스카이 퍼펙트 JSAT에서 일본항공과 니콘에 이르기까지 46개의 'S-매칭' 프로그램 회원사가 포함되어 있다는 것으로 알려져 있다.

일본은 미국과 유럽에 비해 우주 스타트업 개발과 자금 조달에서 뒤처져 있다. 몇몇 회사들은 성공을 거뒀는데, 그중 아이스페이스는 달착륙선 우주선 개발 자금을 조달하기 위해 9,000만 달러 이상을 모금했다. 싱가포르에 본사를 두고 일본에 지사를 두고 있는 궤도 잔해 제거 회사인 아스트로스케일은 2,500만 달러를 모금했다.

일본 정부가 발표한 지원안은 자금 지원에만 국한되지 않는다. 우주 스타트업을 위한 인재 발굴 프로젝트와 기업과 일본 우주 기구 JAXA 간의 기술 협력도 포함된다.

위성 서비스 및 우주 자원 산업의 기업을 지원하기 위해 일본 법률을 변경할 가능성이 포함되어 있다. 이는 미국과 룩셈부르크에서 통과된 법률을 참고한 것으로, 기업들에 달이나 소행성에서 추출한 자원에 대한 권리를 부여하기 위한 것이다. 달 탐사의 기술 및 자원 문제를 조명하고 정부가 이 분야에서 공공과 민간 파트너십의 필요성을 인식해 우주 관련 스타트업 활성화하는 것은 많은 시사점이 있다.

유럽의 우주경제에서 일하는 스타트업

EU 우주 프로그램은 EU 공공 기관, 기업과 시민에게 공공 서비스를 제공한다. 우주 데이터는 천연자원의 지속가능한 소비, 안전 및 보안, 기후 변화와 같은 사회적 과제에 대응하는 데 필수적이다. 우주 부문은 제조에서 우주 운영 및 다운스트림 서비스에 이르기까지 EU에서

230,000개 이상의 일자리를 제공한다. EU 경제에 460억-540억 유로의 가치가 있다. 유럽의 우주에 대한 접근은 많은 EU 정책의 이행, 유럽 산업 및 기업의 경쟁력, 안보, 국방 및 전략적 자율성을 뒷받침한다. 우주는 더 강력한 글로벌 행위자로서 유럽의 역할을 강화할 수 있다.

아주마(Ajuma)는 다운스트림(Downstream : 위성 데이터 가공해서 서비스 창출) 우주기업으로 알려져 있다. 즉, 업스트림(Upstream : 위성과 발사체 우주 공간으로 쏘아 올리는 것) 우주기술의 경우 위성 지구 관측을 활용해 지구에 애플리케이션을 만들고 있다. 향후 수십 년 동안 다운스트림 우주 부문은 가장 많은 상업적 기회와 성장을 창출할 것으로 예상된다. 아주마는 코페르니쿠스 가속기(Copernicus Accelerator)라는 EU 이니셔티브(Initiatives)의 지원도 받았다. 유럽 우주산업의 스타트업이 출발할 수 있도록 다양한 서비스를 제공한다. 아네트(Annette)와 줄리안(Julian)의 경우, 12개월간의 맞춤형 비즈니스 코칭 프로그램이 탄생했다. 코페르니쿠스 액셀러레이터는 환상적인 멘토링 프로그램과 훌륭한 네트워크를 통해 홍보하고 시장에 출시하는 데 큰 도움이 되었다.

이러한 지원은 이미 결실을 맺고 있는 것으로 보인다. 이 회사는 최근 유럽의 대형 아웃도어 소매업체와 제품을 판매하기 위한 주요 계약을 체결했다. 2016년 유럽위원회(European Commission) 주관으로 시작된 공공 프로그램이다. 지금까지 200개 스타트업을 지원했다. 매년 50개의 스타트업을 선정해 12개월 동안 프로그램을 진행하는데, 2개의 대화형 부트캠프, 온라인 교육 세션 및 멘토의 정기 코칭 세션이 포함된다. 프로그램에 선정되는 즉시 주요 언론에 노출이 되고, 우주 관련 산업의 기관과 파트너와의 네트워킹 기회를 얻게 된다.

브뤼셀의 우주산업 전문 컨설팅 회사 스페이스텍 파트너스(SpaceTec Partners)와 벨기에 전역에서 활동하는 혁신 제품 개발 전문 기업 베헤어트(Verhaert Masters in Innovation)가 프로그램 수행기관이어서 실용적인 프로그램으로 평가받는다. 코페르니쿠스 프로그램의 성공으로 유럽은 최근 카시니 이니셔티브(Cassini initiative) 계획을 발표했다. 카시니는 우주 스타트업과 중소기업을 지원하기 위한 10억 유로 규모의 펀딩 프로그램으로 2027년까지 시행된다. 카시니는 최근 우주 데이터 및 서비스 기술 상용화를 위한 마이EU스페이스(My EU Space, EU는 유럽연합)이 개발하고 있는 우주 프로그램 및 서비스 통합 플랫폼) 대회를 열어 100만 유로의 상금을 내걸었다. 카시니 해커톤 및 멘토링 프로그램 등 4개의 프로그램도 마련해 유럽 우주 스타트업을 육성한다는 계획이다.

카시니 해커톤(Cassini Hackathon)은 NASA의 카시니-하위겐스 탐사선의 방대한 데이터를 활용해 새로운 아이디어와 애플리케이션을 개발하는 행사다. 주요 특징은 카시니 탐사선이 수집한 수십 년간의 토성과 그 위성에 대한 방대한 데이터를 활용한다. 이 데이터에는 이미지, 스펙트럼 분석, 궤도 정보 등이 포함되어 있다. 참가자들은 이 데이터를 활용해 새로운 과학적 발견, 교육용 콘텐츠, 데이터 시각화 등 다양한 아이디어를 제안한다.

창의성과 혁신성이 중요한 평가 기준이 된다. 개인 또는 팀 단위로 참가하며, 참가자들 간 협업과 아이디어 공유가 활발히 이루어진다. 행사 후에도 개발된 프로젝트를 공유하고 발전시킬 수 있다. NASA 과학자, 엔지니어, 데이터 과학자 등 관련 분야 전문가들이 참여해 멘토링을 제공한다. 참가자들은 전문가들과의 교류를 통해 아이디어를 발전시킬 수 있다. 우수한 아이디어와 프로젝트에 대해 시상이 이루어지며, 일부 프로젝트는 추가 지원을 받을 수 있다. 이를 통해 카시니 해커톤은 NASA의 방대한 우주 데이터를 활용해 새로운 혁신을 이끌어내는 창의적인 행사로 자리 잡고 있다.

스페이스파운더스(SpaceFounders)는 프랑스 국립우주연구센터(CNES) 와 뮌헨의 독일연방군대학(University of Bundeswehr Munich)의 기업가 정신 프로그램(Entrepreneurship and Intrapreneurship Program)이 연합해 만든 우주 스타트업 액셀러레이팅 프로그램이다. 독일 항공우주센터(DLR)를 비롯한 공공 기관 파트너들과 다양한 기업 및 투자자들을 통한 맞춤형 멘토링, 우주산업 노하우를 제공하고 투자까지 연결한다. 3개월 집중 프로그램에는 약 50시간의 멘토링, 20시간의 우주 전문가 및 스타트업 전문가의 강의 세션, 40시간의 워크숍, 10개의 키노트를 제공하고, 60 개가 넘는 투자 기관과 100명의 업계 전문가와 독점적으로 연결되는 네트워킹 기회가 있다. 이를 통해서 세계 수준의 유럽 우주 스타트업 양성을 목표로 하고 있다. 프랑스 툴루즈와 독일 뮌헨을 기반으로 온·오프라인 하이브리드 프로그램이 진행되고, 프로그램이 끝나면 베를린과 파리에서 데모 행사에 참여할 기회가 주어진다.

세라핌 캐피털(Seraphim Capital)은 유럽에서 최초로 스페이스테크(Spacetech)에 중점을 둔 투자 기관이다. 영국 런던에서 초기 단계 스타트업을 위한 액셀러레이팅 프로그램을 운영하고 있고, 세라핌 캐피털에서 운영하는 우주 펀드는 PoC(Proof of Concept)는 초기 단계의 스타트업들이 자신들의 기술과 사업 모델을 증명할 수 있도록 PoC 개발을 지원한다. 이를 통해 기술의 실현 가능성과 시장 잠재력을 평가하고 투자 결정을 내린다. 스케일업에 중점을 두는 시리즈 A 단계의 스타트업에 중점적으로 투자하고 있다. 세라핌 캐피털은 룩셈부르크의 인공위성 기업 SES(Société Européenne des Satellites)는 대표적인 인공위성 기업이다. 전 세계에 약 70기의 위성을 보유하고 있으며, 지구 정지 궤도(GEO)와 중궤도(MEO) 위성을 모두 운영하고 있다. 차세대 고성능 위성 기술 개발에 주력 초고속 인터넷 서비스, 5G 등 새로운 서비스를 제공하고 있다.

유럽의 항공기 제작 회사인 에어버스(Airbus), 우주항공 부품 등을 생산하는 미국의 텔레다인(Teledzne Technologies Inc.), 이탈리아에 기반을 둔 유럽 우주 시스템 회사 텔레스파지오(Telespazio), 영국의 소형 위성 생산 업체인 SSTL의 투자를 통해 펀드를 운용한다.

영국의 소형 위성 생산 업체 SSTL(Surrey Satellite Technology Ltd)은 주목할 만한 기업이다. SSTL의 주요 특징은 소형 및 초소형 위성 설계, 제작, 발사, 운영 서비스를 제공한다. 지구 관측, 통신, 과학 등 다양한 분야에 활용되는 위성 개발, 저비용, 빠른 개발 주기의 소형 위성 기술을 선도하고 있다. 전기 추진 등 차세대 위성 기술 개발에 주력하고 있으며, 약 60기의 위성을 성공적으로 개발 및 발사를 하고 있다. 세계적으로 가장 많은 소형 위성을 제작한 기업 중 하나다.

영국의 첨단기술 회사 롤스로이스(Rolls-Royce), 영국의 위성통신 회사 인마샛(Inmarsat)은 전 세계를 커버하는 위성 통신 서비스를 제공하고 있으며, 주요 고객은 해운, 항공, 정부, 기업 등이다. 전 세계에 14기의 정지궤도 위성을 운영하고, L-band, Ka-band 등 다양한 주파수 대역을 활용하고 있다. 선박 항해, 비상 통신, 원격 모니터링 등 다양한 솔루션을 제공하는 서비스를 통해 국제해사기구(IMO) 등과 협력해 해상 안전 통신망 구축 및 전 세계 100여 개국에서 서비스를 제공한다. 안정적인 재무 성과와 지속적인 기술 혁신을 주도하고 있다. 이처럼 인마샛은 영국의 대표적인 위성통신 기업으로, 전 세계 해상, 항공, 정부 등 다양한 분야에서 핵심적인 역할을 수행하고 있다. 유럽우주국(ESA), 영국 우주국(UKSA)와 액셀러레이터 파트너십을 통해 운영되고 있다. 180개 이상의 스타트업에 투자해 7억 5,000만 파운드 이상을 회수하는 성과를 거뒀다. 30년 이상 우주 항공산업에 투자해 온 여성 투자자 캔디스 존슨(Candace Johnson)이 파트너이자 이사회 의장으로 참여해 우주 분야에 남다른 노하우를 가지고 있다.

EU는 우주산업의 리더가 되는 것을 목표로 지난 7월 역대 최대의 펀딩 프로그램 '우주 프로그램(EU Space Programme)'을 오픈했다. 2027년까지 148억 8,000만 유로의 예산을 편성해 위성항법, 보안 통신 및 지구 관측 등의 분야에 투자한다. 이러한 우주 인프라를 바탕으로 스마트시티, 기후 변화 대응 등의 분야와 디지털 혁신을 위한 우주기술 연구 및 상용화에 힘쓸 예정이다. 스타트업에 새로운 벤처캐피털을 제공하는 전용 우주 펀드가 한 가지 요소가 될 것이고, 매우 혁신적인 제품의 개발을 촉진할 수 있다. 액셀러레이터 형태의 비즈니스 성장 지원이 있으며, 스타트업과 산업 파트너를 하나로 모으기 위한 노력을 하고 있다.

기술적 수용을 통한
성장과 효율성

　사업 환경의 변화를 헤쳐가는 것뿐 아니고, 기술적으로 해결해야 할 과제들 또한 존재한다. 전통적인 전장에서 디지털적으로 연결된 전자전으로의 전환을 위해서 새로운 시스템들이 속속 개발되고 있다. 경쟁 압박이 심해지고, 정부에서 개발 자금을 지원하던 것에서 자체적으로 R&D 투자해야 하는 시대로 바뀜에 따라서 개발 사이클은 갈수록 짧아지고 있다. 이러한 변화로 인해서 이제는 시스템을 모듈화하고, 확장할 수 있게 하며, 재구성할 수 있게 하는 것이 당연하게 되었다. 핵심 기술을 다중의 플랫폼에 걸쳐서 재사용할 수 있다. 또한 소프트웨어적으로 정의된 시스템이 중요한 요소가 되고 있다. 이러한 시스템을 사용함으로써 지역마다 사용되고 있는 기존 장비에 맞게 시스템을 즉시 구성할 수 있으며 나중에 더 발전된 차세대 시스템으로 편리하게 이전할 수 있다. 하지만 이처럼 유연성을 높이기 위해서는 제품 개발에 있어서나 표준 및 인증 규격을 충족하는 문제에 있어서 복잡성이 증가한다.

무인 시스템, 전자전, 통신 같은 것들에 대한 의존도가 높아짐으로써 대역폭 요구량이 빠르게 늘어나고 있으며, RF(Radio Frequency) 스펙트럼이 점점 더 많은 사용자와 신호들로 혼잡해지고 있다. 그럼으로써 RF 부품과 전체적인 신호 체인에 대해서 더 높은 성능이 요구되고 있다. 한편으로는 어떤 개발 프로그램에서든 크기, 무게, 전력(SWaP)을 줄이는 것이 중요한 과제가 되었으며, 비용까지 점점 더 중요해지고 있다. 이는 다시 말해서 시스템의 가격 경쟁력을 더 높여야 한다는 뜻이 된다. 또 한 가지 짚고 넘어갈 점은, 여기서 말하는 '비용'이란 단지 개별 부품의 가격만이 아니라 시스템이 가동되는 전체 수명에 걸친 솔루션 비용을 의미하는 것이다. 그러므로 이러한 비용을 따질 때는 신뢰성, 계속 공급, 지속적인 유지보수/지원, 수명 기간까지도 포함한 다양한 요소들을 고려해야 한다. 이러한 많은 요소는 설계 단계의 선택으로 결정된다. 이러한 과제들을 극복하기 위해서는 설계 및 개발 작업 전반에 걸친 발상의 전환이 필요하다. 과거에 하던 대로 해서는 문제를 해결할 수 없기 때문이다. 이러한 문제들에 대해 새로운 신기술을 신중하게 선택하고, 혁신적인 시스템 아키텍처를 개발하고, 시스템 기능 파티셔닝이나 패키징으로 새로운 발상을 도입해서 성능을 극대화하는 것이다.

우주항공방산(SA&D) 기업은 디지털 기술을 수용해 성장과 효율성 실현

SA&D 기업은 디지털 트랜스포메이션 여정을 계속 발전시키고 있으며, 2024년에는 이를 더욱 가속할 수 있다. 업계의 선두 주자들은 모델 기반 엔터프라이즈 및 디지털 트윈과 같은 디지털 기술을 주도하고 있다. 디지털화는 제품 개발을 강화하고 운영 효율성을 개선하며 성장 기회를 활용하는 데 도움이 될 수 있다. 첨단기술을 채택하기 전에 SA&D 제조업체는 프로세스, 기술 및 도구를 현대화하는 것을 고려해야 한다. 이를 통해 기존 인프라로 처리량을 늘리고 지속적인 노동 및 공급망 문제에도 불구하고 수요 변동과 비용을 효과적으로 관리할 수 있다.

생산 공정의 디지털 트랜스포메이션

SA&D 기업은 규제 요구사항과 특정 고객, 계약 및 제품 설명으로 정의되는 매우 복잡한 환경에서 운영된다. 프로세스를 현대화 및 통합하고 기술을 지원하는 것은 SA&D 산업이 생산 처리량과 비용 효율성을 개선하기 위한 몇 가지 중요한 단계다. 디지털 트랜스포메이션을 수용하면 모든 단계에서 SA&D 생산 프로세스를 재구성해 산업화 주기를 크게 단축하고, 효율성을 개선하고, 생산 수율을 높이고, 품질 표준을 높일 수 있다.

설계 단계에서 모델 기반 시스템 엔지니어링 접근 방식을 통해 시스템의 가상 설계, 분석, 확인 및 검증을 수행해 새로운 제조 설비를 검증하고 인증하는 시간을 단축할 수 있다. 산업용 사물 인터넷(IOT) 기술을 채택하고 운영 기술(OT) 및 정보 기술(IT) 시스템을 통합하면 제조 환경에서 더 나은 통찰력을 얻을 수 있다.

디지털 트랜스포메이션과 디지털 트윈과 같은 새로운 디지털 기술의 의미는 최종 제품을 생산하는 것에서 끝나지 않는다. SA&D 기업은 디지털 트윈 기술을 구현해 수명 주기 동안 부품을 추적해 유지보수 프로토콜을 개선할 수 있다. 또한 애프터마켓(Aftermarket) 서비스 제공업체가 준비할 수 있는 기회를 열 수 있다. 애프터마켓 기업은 SA&D 시스템에서 생성된 방대한 양의 데이터를 활용해 AI 기술을 구현해 항공기 또는 시스템을 언제 어떻게 정비해야 하는지 예측할 수 있다. 필요한 부품 및 인력에 대한 정보를 포함한 이 데이터는 수리 시간을 단축하고 처리 시간을 개선하며 경쟁 우위를 창출할 수 있다.

SA&D 기업의 디지털 트랜스포메이션 속도는 다양하며 회사의 고유한 요구사항, 우선순위 및 사용할 수 있는 리소스에 따라 달라지는 경우가 많다.

디지털 향상

지속가능성, 제품 혁신 및 전시 방위에 대한 요구는 급속한 기술 진화로 이어질 것으로 예상된다. SA&D 기업은 다양한 시나리오에서 디지털 기술, 특히 인공지능과 생성형 AI(AI의 하위 집합)를 탐색하고 적용하고 있다.

AI는 운영을 간소화하고, 생산성을 높이고, 실시간 데이터 동기화를 가능하게 하고, 사용자 지정 프로세스를 간소화할 수 있다. AI 솔루션은 감시 및 의사 결정을 위한 조종석 항공 전자 기술 개선부터 제조업체의 유지 관리 및 결함 모니터링 최적화에 이르기까지 다양한 애플리케이션의 SA&D 산업에 도움이 되었다. 생성형 AI 지원 가상 현장 어시스턴트는 제품 개발 외에도 문제 해결 능력과 생산성을 향상하게 시켜 엔지니어를 지원할 수 있다. 이러한 AI 기술의 사용 사례는 인력 생산성 향상이 SA&D 기업이 인재 부족의 영향을 완화하는 한 가지 접근 방식임이 입증될 수 있기 때문에 인력에 더 많은 영향을 미칠 수 있다.

SA&D 기업이 디지털 역량을 지속해서 강화함에 따라 기술에 대한 신뢰를 증진하고, 데이터 보안과 관련된 위험을 관리해서, 잠재적인 연방 또는 규제 활동을 모니터링하기 위해 움직일 가능성이 크다. 증가하는 사이버 위험으로부터 민감한 데이터를 보호하기 위해 SA&D 기업은 강력한 사이버 보안 위험 관리 조치와 강화된 디지털 인프라 시스템에 상당한 투자를 할 가능성이 크다.

마지막으로, SA&D 기업은 합법적인 관행을 보장하기 위해 국가 안보에 미치는 영향을 포함해 이러한 디지털 기술의 책임 있는 사용에 대한 규제 초점이 증가하는 것을 보다 자세히 모니터링해야 한다.

IT 기술과 혁신이 SA&D 산업의 성장을 주도

2024년 SA&D 산업은 지정학적 도전에서 혁신 및 시장 수요, 기술 도약에 이르기까지 다양한 요인에 의해 형성될 수 있다. 업계가 이러한 불확실한 환경을 헤쳐나가면서 적응성과 민첩성을 우선시하고 기술 발전을 수용하기 위해 노력해야 할 수도 있다. SA&D 산업은 종종 긴 제품 개발 주기와 복잡한 공급망으로 특징이 있다. 이는 지속적인 혁신, 기술 통합 및 지속적인 개선을 요구할 수 있다. 이러한 영역을 활용할 수 있는 SA&D 기업은 끊임없이 진화하는 글로벌 환경에서 번창할 수 있다.

시장 출시 속도 요소는 신제품 개발에 있어 중요한 과제로 남아 있다. 빠른 프로토타이핑, 인증 및 상용화가 중요할 수 있다. 따라서 SA&D 기업은 디지털 스레드와 같은 디지털 기술을 채택해 가치사슬 단계를 연결하고 더 짧은 시간에 결과를 도출함으로써 제품 개발을 가속하는 것을 고려해야 한다.

방산 및 민간 시장 모두에서 수요가 증가함에 따라 SA&D 기업의 매출이 강화될 수 있다. 업계의 잠재적 성장 기회를 활용하기 위해 SA&D 기업은 다음 영역에서 전략적으로 포지셔닝하는 것을 고려할 수 있다. SA&D 기업은 점점 더 많은 영역에서 민첩성과 혁신을 유지해 진화하는 고객 요구를 충족하는 동시에 고품질 제품 및 서비스 제공 표준을 유지해야 한다. 최고의 SA&D 기업은 경쟁 우위를 유지하고, 비즈니스 및 운영 프로세스를 개선하고, 최고의 인재를 유치하기 위해 기술 발전의 최전선에 서기 위해 노력할 것이다. SA&D 산업이 점점 더 디지털 방식으로 상호 연결됨에 따라 사이버 공격 위험이 증가하고 있다. 따라서 강력한 보안시스템을 확립하고 사이버 조치에 투자하는 것은 안전한 디지털 미래를 보장하는 데 매우 중요할 수 있다.

사업을 위한 공간이 열리면서
자본이 흐려야 한다

우주경제는 자본, 전략적 파트너십 및 진화하는 비즈니스 모델을 포함하는 자급자족 생태계가 있어야 한다. 향후 몇 년 동안 어떻게 발전할 수 있는지를 다음과 같이 살펴보겠다.

반세기 전, 아폴로 11호의 달 착륙은 인간의 상상력과 공학 기술의 한계를 보여주었다. 우주 유니콘이 뉴스 미디어의 주목받았지만 지난 몇 년 동안 우주에서 기회를 모색하기 위해 수백 개의 새로운 스타트업이 탄생했다.

인간이 우주에 발을 디딘 것은 하드웨어, 소프트웨어 및 로켓 과학 분야에서 수십 년에 걸친 혁신의 정점을 찍었다. 그 결과로 탄생한 기술과 인프라는 결국 컴퓨터 시대를 열었고, 이는 현재 전 세계 거의 모든 지역의 기업과 가정의 토대가 되었다. 이제 1969년 아이작 아시모프(Isaac Asimov)가 상상했던 기술적 목표를 세우는 새로운 우주 시대가 도래하고 있다. 위성군, 핵융합 우주선, 소행성 채굴 기술, 무중력 상태에서 낡은 장비를 교체하기 위한 3D 프린터다.

우주 경쟁은 정부뿐만 아니라 새로운 신생 기업과 선구자들에 의해 추진되고 있다. 기업가, 전략적 파트너십 및 벤처캐피털이 자금 조달을 주도하고 있지만, 새로운 우주경제의 초기 단계에서 성공하려면 자급자족할 수 있는 생태계가 필요하다. 자금 조달에서 비즈니스 모델, 본격적인 산업에 이르기까지 향후 몇 년 동안 어떻게 발전할 것인가 기대가 된다.

공간 활용

'우주 유니콘'이 뉴스 미디어의 주목받았지만, 지난 몇 년 동안 수백 개의 다른 새로운 스타트업이 설립되어 위성 제조, 발사 능력, IT 하드웨어와 같은 우주 인프라와 우주 관광, 위성 광대역, 미디어, 심지어 소행성 채굴과 같은 인접 분야에서 기회를 모색했다. 우주는 중장비, 인프라 및 인력의 세계다. 다시 말해, 연구개발 단계와 이러한 기업이 인프라를 구축할 때 막대한 자본이 필요하다. 투자자들의 호기심은 보조를 맞추고 있다.

엔젤 투자자, 벤처캐피털 및 사모 펀드 회사로부터 이 분야에 엄청난 관심을 보이고 있다. 그중에서 많은 부분이 업계의 진정한 열정이지만, 일부는 단순히 새롭게 시작되는 사업 영역에 포함된 흐름에 맞추기 위한 것도 있을 수 있다. 상황이 너무 빠른 속도로 변하고 있어서 투자자들은 시대를 따라가야 하기 때문이다.

우주에서의 성공은 수십 년이 걸릴 것으로 예상되기 때문에, 몇 년이 걸릴 수도 있는 고상한 노력에 대한 수익이 필요하므로, 이 새로운 경제에는 인내심 있는 투자자가 필요하다. 따라서 필자가 주장하는 우주항공방산의 통합 비즈니스 모델 적용이 필요한 이유다.

우주산업에 투자에 관심이 많지만 검증되지 않은 많은 기술이 시장에 출시되고 있다. 대규모 자본을 투입하기 위해 투자자들은 차별화되고 진정으로 파괴적인 기술을 원한다.

미국 기업들도 전략적 파트너십을 통해 협력하고 있다. 일부의 경우 아직 관망 단계에 있다. 현재 상장 기업들은 우주 이야기가 펼쳐지는 것을 지켜보고 있으며, 전략적 파트너십은 기업과 스타트업 모두에게 매력적이다. 최신 기술 및 솔루션과의 연결이며, 스타트업은 가능한 유통 파트너와 성장 자본에 관심이 있기 마련이다.

생태계 구축

우주산업이 성공하기 위해서는 실용적인 비즈니스 사례와 현실적인 수익 모델이 필요하며, 이는 자립적인 생태계를 의미한다. 현재 출시 사업에 많은 관심이 쏠리고 있다.

대규모 출시 회사들이 있는데, 새로운 제공업체 중 일부는 현재 전통적인 정부 제공업체와 경쟁하고 있다. 그러나 소형 발사 측면에서도 많은 활동이 이루어지고 있으며, 이들은 더 작고 저렴한 위성을 궤도에 쏘아 올리는 데 집중하고 있다. 이러한 발사 기업 중 일부는 발사에 대한 수요가 증가함에 따라 크지 않지만, 일부 수익을 내고 있다.

실제로 발사 사업은 우주 생태계의 바탕을 이루고 있으며, 발사 없이는 우주도 없으며, 가장 큰 자금 조달 분야 중 하나다. 궁극적으로, 이러한 발사 기업들은 발사가 또 다른 형태의 운송 수단으로 간주할 수 있을 때까지 발사 비용을 지속해서 낮추려고 노력하고 있다.

발사가 더 저렴하고, 더 쉽고, 더 빨라짐에 따라 위성에서 서비스에 이르기까지 나머지 생태계가 더 넓은 시장으로 성장할 수 있다. 발사 기업들은 중소 위성 제조업체에 의존하고 있다. 제조업체들은 위성 광대역, 저궤도 이미징 및 날씨 모니터링과 같은 것에 중점을 둔 서비스 기업에 의존하고 있다.

가까운 장래에 NASA, NOAA(미국 해양대기청), 미국 국방성 및 기타 정부기관이 여전히 가장 큰 고객이다. 성공한 기업들은 현 단계에서 정부가 여전히 비판적이라고 말할 것이다. 스타트업이 제대로 작동하는 비즈니스 모델을 개발하려면 시간이 필요하다. 우주는 엄청나게 복잡하다는 것을 기억해야 한다. 생태계가 발전하는 데는 시간이 걸린다. 단기적으로는 정부가 여전히 가장 중요한 대상이 되고 있다.

세대교체(Generation-Shift)

생태계는 풍족히 공급해야 하는 인적 자본이 있어야 한다. 몇 년 전만 해도 대학을 졸업하고 우주에 관심이 있는 젊은 엔지니어라면 NASA나 정부기관이 전부였다. 이제 선택할 수 있는 수십 개의 스타트업이 있다. 실제로 우주에서 경력을 쌓을 수 있다. 이는 비단 미국만의 이야기가 아니다. 필자가 항공 관련 대학에서 강의할 때 항공 관련 학과 학생들에게 '우주항공방산의 기회와 도전'이라는 주제로 강의했다. 생소한 용어에 처음에는 별로 흥미를 보이지 않았다. 우주항공방산의 공통점과 차이점들을 설명하면서 졸업 후 어떤 진로를 생각하는지에 대한 물음에 주요 항공사에 국한된 답변을 했다. 우주항공방산의 공통

점은 졸업 후 우주, 방산 관련 기업과 기관에서 여러분의 수요가 있다는 것을 설명했다. 학생들의 사고의 시각이 넓어지는 것을 느낄 수 있었다.

출처 : 저자 제공

우리는 더 넓은 의미의 시각에서 우주경제를 바라봐야 한다. 젊은 세대가 기후 변화와 우주라는 2가지 큰 영역에 집중하고 있으며, 두 영역 사이에는 약간의 교차점이 있다. 이 두 세대의 열정은 향후 수십 년 동안 우주에 관한 관심을 계속 이어갈 것이다.

우주경제 상업화를 위한
4가지 과제

민간 투자자들이 성장을 촉진

우주기업에 대한 사모펀드 및 벤처캐피털 투자가 사상 최대로 기록될 것이며, 100억 달러 이상이 투자된 것으로 나타났다. 투자 펀드가 큰 수익을 기대하며 신생 기업과 초기 단계 우주 벤처에 자본을 제공하려고 해서 훨씬 더 클 가능성이 크다.

우주 벤처에 연료를 공급할 민간 자본이 많을수록 기업은 더 빨리 확장할 수 있고 새로운 혁신이 시장에 출시될 수 있으며, 이는 다시 더 큰 성장을 촉진할 수 있다. 이러한 투자는 로켓랩이 상장하는 데 도움이 되었다고 CEO인 피터 벡(Peter Beck)은 밝혔다.

"우주산업을 생각해보면, 적어도 민간 부문에서는 일을 진행하기에 충분한 자본으로 아주 오랫동안 진행됐다. 그러나 실제로 잠재력에 도달하기에는 많은 양의 자본이 필요하지 않다"라고도 말했다. IPO를 하거나 상당한 규모의 민간 자본을 조달한 기업이 상당수 있어서 업계에 정말 큰 변화를 가져왔다고 볼 수 있다. 이는 업계가 성장하고 오랫동안 꿈꿔왔던 프로그램을 실행하는 데 실제로 도움이 될 것이다.

록히드 마틴 스페이스(Lockheed Martin Space)의 상업 민간 공간 부문 부사장 겸 총괄 책임자인 리사 캘러한(Lisa Callahan)도 이러한 의견에 공감했다. 민간 부문의 움직임이 지구를 위한 과학과 연구에도 도움이 될 것이라고 말했다.

글로벌 무대에서는 우주경제 시장에서 우리가 생각하는 것보다 급속한 성장을 하고 있다는 것을 느끼게 한다. 우주 분야에는 엄청난 양의 신기술과 혁신이 유입되고 있으며, 엄청난 양의 민간과 자본 투자가 시장에 유입되고 있다. 투자는 지구 저궤도와 그 너머에서 하는 과학과 탐사에만 도움이 되는 것이 아니다. 지구에 있는 우리에게 도움이 될 수 있는 혁신을 창출해야 한다.

공공기관은 상업적 파트너십을 수용해야 한다

최근 몇 년 동안 우주 관련 활동에서 목격한 가장 큰 트렌드 중 하나는 정부가 원하는 일을 하는데 공공-민간 파트너십의 부상이다. 예를 들어, 플로리다의 케이프 커내버럴 우주군 기지는 공공 및 민간 발사를 위한 세계 최고의 발사대로 엄청나게 성장했다.

"작년에 우리는 지구상의 어느 단일 장소보다 더 많은 궤도 발사했다"라고 존 F. 케네디 우주센터의 부국장은 말했다. 민간 발사에 협력하기로 한 결정의 핵심 요인은 NASA의 장기적인 지속가능성과 경제성이었다. 이러한 방법의 처리 및 출시 인프라는 정부뿐만 아니라 상업 파트너도 사용할 수 있다. 이렇게 하면 여러 사용자에게 비용을 분배하고 정부의 비용도 줄일 수 있다.

공공과 민간 파트너십은 또한 현재 우주에 있거나 우주로 가는 인간을 보호하는 것을 포함해 위협을 피하는 데 도움이 될 수 있다. 정부와 기업은 우주 교통을 더 잘 관리하고 궤도 파편을 억제하기 위해 협력해야 한다. 따라서 교통 관리는 사람의 생명을 위험해서 올바른 교통 관리를 하는 것이 정말 중요하다. 계속 성장하기 위해서는 통합 우주 작전 센터의 국제 상업 파트너와의 파트너십이다.

성장은 엔지니어와 과학자만을 위한 것이 아닌 일자리 창출 주도

우주경제의 중요한 측면은 로켓 과학자뿐만 아니라 일자리의 증가다. 우주경제의 일자리 수는 현재 약 40만 개로 추정되지만, 앞으로는 150만 개 이상의 일자리로 증가할 것으로 예상한다.

사실, 우주 상거래가 경제적 잠재력을 최대한 발휘하기 위해서는 전체 노동 생태계가 필요하다. 근로자가 필요한 분야에는 회계, 마케팅,

디자인, IT 및 제조가 포함되며 전통적으로 우주와 관련된 STEM(과학, 기술, 공학 및 수학 : science, technology, engineering, and math) 직업이 포함된다. 예를 들어, 첨단 제조 부문은 발사 서비스를 통해 성장했다.

미국의 발사 서비스는 첨단 제조에 의존하고 있으며 모든 상업 발사의 40%를 차지한다. 이는 다른 어떤 단일 국가보다 많은 양이다. 따라서 이는 제조업에 연간 20억 달러 이상의 수익을 가져다주는 것이다. 다음 세대는 특히 우주경제와 관련된 새로운 직업들이 있을 것이고 우주경제 분야에서 일한 경험이 필요하게 된다. 이 급속한 성장은 새롭고 젊고 다양한 세대를 우주 세계로 데려올 것이다. 마케팅, 디자인, 제조업을 포함한 많은 다양성을 보게 될 것이며, 이는 전체 경제를 창출하기에 충분하다. 우주와 지상에서 비즈니스를 수행하는 방식에 엄청난 변화가 일어나야 한다.

라이선싱 계약이 구축 및 소유 전략을 대체

공공 기관의 정책 결정은 기업에 상업적 기회를 제공했다. 이러한 결정 중 가장 큰 것 중 하나는 정부기관이 자산을 건설하고 소유하는 것에서 민간기업으로부터 라이선스를 받는 것으로 전환한 것이다. 자재 및 자산 라이선싱을 향한 움직임은 민간기업이 구축하고 확장할 수 있는 기반을 제공한다. 지난 10년 또는 20년 동안 미국 정부가 특히 잘해온 것은 자체 우주 하드웨어를 구축하고 소유하는 것에서 기업의 서비스를 사용하는 것으로 전환한 것이다. 로켓과 승무원을 위한 운송 서비스, 달 착륙선, 상업용 우주 정거장 등을 정부기관이 현재 민간기업으로부터 라이선스를 취득하고 있는 것으로 꼽았다. 정부의 이러한 정책 결정은 경제와 생태계를 형성하는 데 큰 도움이 되었다.

우주에서의 경제적 기회 탐색

우주경제의 성장은 인류와 지구의 미래 번영에 중요한 역할을 할 수 있다. 2023년은 우주 활동을 주도하는 데 있어 정부에서 민간 부문으로의 전환이 계속되었다. 가장 최근의 우주 재단 보고서에 따르면, 5,400억 달러 이상을 창출하는 우주 영역 경제 활동의 78%를 차지한다. 위성을 제조 및 궤도에 배치하고, 달 표면을 탐사하고, 추가 상업 활동을 위한 기반을 마련할 저궤도(LEO) 및 달 우주에서 작동할 수 있는 인프라를 구축하려는 엄청난 수요가 있다. 2040년까지 1조 달러 규모의 우주경제를 실현하기 위해서는 민간기업을 지속해서 육성하고 정부는 민간기업에 대한 지속적인 육성 정책과 지원을 통해 우주경제 실현을 위한 토대를 마련해야 할 것이다.

우주의 막대한 경제적 잠재력을 고려할 때, 우주에서 이미 파생된 제품과 서비스가 우리의 삶에 어떤 영향을 미치는지 이해하는 것이 중요하다. 2023년은 스마트폰 기술에서 의료 및 물류에 이르기까지 다양한 제품과 산업을 완전히 변화시키고 미국에서만 거의 2조 달러에 달하는 경제적 이익을 창출한 GPS(Global Positioning System)의 50주년이 되는 해다. 지속할 수 있는 우주경제를 발전시키기 위해서는 많은 현안이 해결되어야 한다. 우주에서의 운영 허가를 위한 투명하고 예측할 수 있는 프로세스를 개발해 우주산업에 확실성을 제공하는 것은 많은 사람이 지구 저궤도 및 달 우주에서 보는 잠재력을 실현하는 데 필요하다. 우주 영역으로 확장하고 우주경제 번영을 위한 기반을 마련할 구체적인 정책 주도권에 집중해야 한다.

지금이야말로 우주산업에 뛰어들어야 할 중요한 시기다. 민간 부문이 주도하는 우주 생태계로의 전환은 지구에 혁신적인 변화를 일으켰으며, 이는 모든 국가가 기술 발전, 일자리 창출 및 발견의 혜택을 누리게 해서 새로운 세대의 번영을 가져올 수 있는 잠재력을 가지고 있다. 지금이야말로 각국 정부가 우주에 대한 민간 부문의 더 많은 투자와 활동을 장려할 수 있는 여건을 조성해야 할 때다.

글로벌 공급망의 복잡성으로 인해 다계층 솔루션 주도

글로벌 공급망의 취약성과 중단이 지속될 것으로 예상해야 하며, 이에 따라 생산 지연, 배송 지연, 원자재나 부품 가격 인상이 발생할 수 있다. 원자재 및 3차 공급업체부터 OEM(Original Equipment Manufacturer)

및 유지보수, 수리나 정비 제공업체에 이르기까지 공급망 전반의 문제에는 숙련된 노동력 부족, 노동력 감소, 자재와 부품 가용성 부족, 측정할 수 있는 인플레이션이 포함된다.

부품에 대한 제한적 또는 단독 외주의 문제는 업계 내에서 계속되고 있다. SA&D 산업은 생산 설비의 자격 및 인증을 통해 산업 표준 및 요구사항을 충족하는 것이 힘든 과정이기 때문에 대체 공급원을 개발하는 데 시간이 오래 걸린다. 따라서 기업은 종종 신규 부품과 부품 공급을 위해 현재 생산에 의존해야 한다.

마지막으로, 기업은 2024년에도 공급망 디지털화 및 자동화 옵션으로 계속 전환할 것으로 예상할 수 있다. SA&D 기업은 공급망의 디지털 트윈을 개발해 조달, 생산 및 납품 프로세스를 완벽하게 파악할 수 있다. 유지보수, 수리 및 점검 제공업체 이러한 복잡성으로 인해 가치사슬 전반에 걸쳐 다각화와 투명성을 구현하는 것은 매우 어렵지만 필수적이다. 전략적 원자재 비축량을 유지하고, 리드 타임이 긴 품목을 대량 구매하고, 대체 공급원을 탐색하고, 운영을 디지털화함으로써 SA&D 기업은 전체 공급망에서 계속되는 취약성을 처리할 수 있는 유리한 위치를 차지할 수 있다.

우주경제 호황은 어떤 혜택을 줄까?

'우주경제'라는 용어는 '달이나 소행성에서 물질을 채굴하는 것과 같이 우주에서 사용하기 위해 우주에서 생산된 상품과 서비스'를 포함한다. OECD는 이를 '우주를 탐험, 연구, 이해, 관리 및 활용'하는 모든 활동으로 정의하고 있다.

우주재단(Space Foundation)의 〈2022년 우주 보고서(The Space Report 2022)〉는 2021년 우주경제의 가치가 4,690억 달러로 전년 대비 9% 증가한 것으로 추정한다. 올해 첫 6개월 동안 1,000개 이상의 우주선이 궤도에 진입했는데, 이는 우주 탐사의 첫 52년(1957-2009) 동안 발사된 것보다 더 많은 수라고 보고서에 기록되었다. 그러나 우주 부문은 그 자체로 성장 부문일 뿐만 아니라 다른 부문의 성장과 효율성을 가능하게 하는 핵심 요소임이 입증되고 있다. 유럽우주국(European Space Agency)은 새로운 우주 인프라의 배치가 기상학, 에너지, 통신, 보험, 운송, 해양, 항공 및 도시 개발을 포함한 산업에 혜택을 가져다줄 것이다.

대부분은 공공 부문이 아닌 민간 부문에서 나왔으며, 2,240억 달러이상이 우주기업이 제공하는 제품과 서비스에서 창출된 것으로 추정된다. 우주 재단 보고서에 따르면 전 세계적으로 우주 프로젝트에 대한 국가 지원 투자가 증가했다. 군사 및 민간 우주 프로그램에 대한 전체 정부 지출이 19% 증가했고, 인도는 36%, 중국은 23%, 미국은 18%를 우주 사업에 투자했다. 오늘날 일어나고 있는 일은 '우주 르네상스', 즉 기술 혁신이 비용을 크게 절감하고 새로운 기능을 창출하는 시기다.

플래닛랩스(Planet Labs)의 윌 마셜(Will Marshall) 최고경영자(CEO)는 다보스에서 열린 세계경제포럼(WEF) 연차총회에서 지난 10년 동안 로켓 가격이 4배 하락했다고 밝혔다. 한때 인공위성을 우주에 보내기 위해 수십만 달러를 지불해야 했던 회사들은 이제 더 저렴한 부품을 사용할 수 있게 됨에 따라 상상을 현실로 만드는 비용을 줄일 수 있게 되었다.

5년 전보다 10배 더 많은 지구 이미지를 지역별로 생산하고 있으며, 10배의 통신 대역폭이 지구 전체로 전송되고 있음을 의미한다. 예를 들어, 상업용 위성 데이터는 우크라이나 분쟁에 대한 조감도를 제공해 전 세계가 지상에서 발생하는 사건을 목격하고 기록할 수 있도록 한다. 또한 위성 이미지를 통해 농부는 농작물을 모니터링하고, 기업은 환경, 사회 및 거버넌스 성과를 추적하고, 정부는 이산화탄소 배출량을 모니터링할 수 있다.

우수한 인재 육성과
인력 확충

SA&D 기업은 수요 증가와 인력 기대치 변화 속에서 인력 문제를 해결하고 있다. SA&D 산업은 주로 급여 수준 향상, 직원 이동성 증가, 직장과 직원 관계의 재평가, 치열한 경쟁이 치열한 고용 시장에 의해 주도되는 새로운 인재 환경에 직면해 있다. 코로나19 팬데믹 이후 증폭된 직원 기대치의 변화로 인해 SA&D 기업은 숙련된 인력을 유치, 유지 및 개발하는 데 어려움을 겪는 경우가 많다. 이러한 인력 문제는 SA&D 기업이 업계 전반에서 증가하는 수요를 따르기 위해 생산 운영을 확장하기 시작할 때 상당한 골칫거리가 될 수 있다.

미국 SA&D 산업은 고용 측면에서 팬데믹 이전 수준을 넘어섰다. 2022년 미국 기반 SA&D 기업은 인력을 10만 명 증가한 220만 명으로 2021년 대비 4.87% 증가시켰으며 코로나19 팬데믹 이전인 2019년 수준인 218만 명을 넘어섰다.

인력 수의 증가에도 불구하고 SA&D 기업은 인재 부족에 직면할 가능성이 크다. 이러한 공급 부족은 국내 여행 증가와 각국의 무기 비축 증가로 인한 생산 수요를 저해할 수 있다. 현재 업계는 기술자와 제조업체에서 엔지니어에 이르기까지 인재를 유치하기 위해 고군분투하고 있다. SA&D 제조를 포함한 제조 산업은 숙련된 인재를 확보하기 위해 다른 산업과 점점 더 경쟁하고 있다.

SA&D 기업은 변화하는 인력의 요구를 수용하기 위해 보상을 넘어 전략을 확장해야 한다. 특정 교육 기준 및 보안 허가를 포함해 직원에 대한 높은 요구사항과 기대치를 하고 있다. 따라서 특히 퇴직자 수가 증가함에 따라 인재 유지에 집중해야 한다. 역사적으로 이러한 회사들은 깊은 경험과 기업 문화에 대한 강한 유대감을 가진 인력으로 성공했다. 따라서 고용 시장의 경쟁 상태를 고려할 때 업계는 우수한 자격을 갖춘 노동 시장을 유지하는 것이 중요하다.

새로운 기술을 추구하고 구현하면 이윤을 해결할 수 있을 뿐만 아니라 인력에 활력을 불어넣는 데 도움이 된다. SA&D 기업들은 직원이 첨단기술에 참여할 수 있는 프로그램을 시작해야 한다. 여기에는 기술 기반 프로젝트를 추구해 각각의 산업에 융합된 기술을 활용하는 시너지를 만들어내야 한다.

기술 발전에 맞춰 더 많은 학습 방법을 개발해 인력의 기술을 향상해야 한다. 새로운 교육 및 인력 개발 프로그램을 만들기 위해 대학과 긴밀히 협력해야 한다. 따라서 SA&D 기업의 인력 개발 전략은 인재를 유치하고 유지할 뿐만 아니라 인재를 위한 지속 성장이 가능한 환경의 기회를 제공해야 한다.

우주로 뻗어 나가는 탈피오트

우주경제 인력 확보를 위한 접근 또한 우주항공방산 통합 개념을 적용하면 어느 정도 해답을 얻을 수 있다. 그중 이스라엘의 교육제도 중 탈피오트 제도는 많은 시사점을 남긴다. 우리도 일부 적용은 하고 있지만, 실효성이 없는 것이 현실이다. 우주항공방산의 산업영역을 통합해 시행하는 구체적 방안들을 논의할 때가 된 것 같다.

탈피오트(Talpiot)는 '최고 중의 최고'라는 뜻을 가진, 이스라엘의 과학기술 분야 전문가 양성 목적의 엘리트 제도다. 탈피오트라는 단어는 사전적으로 '견고한 산성' 또는 '높은 포탑'의 의미이며, 리더십을 뜻하는 은유적 표현으로 쓰이기도 한다. 탈피오트 제도는 고교졸업자를 대상으로 소수의 엘리트를 선발해 첨단 군사과학 인재로 육성시킴으로써 이스라엘을 현재의 강국으로 만드는 데 근간이 된 국방과학기술 전문 장교 육성제도라 평가받고 있다. 탈피오트의 빠른 학습 속도는 프로그램에서 주목이 된다. 다른 대학 학생들보다 탈피오트 학생의 학습 기간은 더 짧고 학업 프로그램은 훨씬 빠르게 진행되고 있다.

탈피오트는 네트워킹의 훌륭한 기반이 강점이다. 회사에 입사하든 창업을 하든 다양한 기회와 협업체계를 마련해 기회를 제공해준다.

우주항공방산의 인재를 육성하기 위해서는 대담한 상상력을 우선순위를 두고 생각을 멈추지 않도록 해야 한다. SA&D 산업에서는 생각의 무한한 영역을 제공할 수 있다. 낯선 상황이나 질문에 창의적 생각을 해야 한다. 전문 학습 분야가 아니더라도 배움을 즐기고 독창성에 역점을 두고 계속해서 리더를 만들어내야 한다. 마지막으로 팀 활동과 협력을 주요시해 개개인의 강점을 시너지로 빠른 학습이 가능하게 해야 한다. 국내에서 한정된 인재가 아닌 글로벌한 인재로 성장할 수 있는 지원과 프로그램을 개발해야 한다.

우주항공방산의 산업영역을 분리해 시행하면 시장의 규모가 한정되는 비즈니스 한계에 부딪히는 것처럼 활동 영역의 확대를 통한 일자리 확대를 해야 한다. 시장의 수용성을 고려한 관리제도를 통해서 유연성 있는 인재 육성과 시장의 요구를 만족해야 한다. 이러한 전사적 인재 육성 로드맵을 통한 우주항공방산 인재 육성 프로젝트를 뉴스페이스에 맞게 민간 대학에서부터 만들어 실행해야 한다.

산업 생태계를 만들어가는 우주경제 글로벌 상황에서 어떤 전략과 방향을 설정해 추진할 것인가의 과제는 지금 우리의 몫이다. 우주경제의 바다가 눈앞에 펼쳐지고 있다. 그 파도에 올라타서 매력적인 서핑을 즐길 수 있기를 기대해본다.

우주경제에 투자하라

제1판 1쇄 2024년 9월 20일

지은이 양현상
펴낸이 한성주
펴낸곳 ㈜두드림미디어
책임편집 이향선
디자인 노경녀(nkn3383@naver.com)

㈜두드림미디어
등 록 2015년 3월 25일(제2022-000009호)
주 소 서울시 강서구 공항대로 219, 620호, 621호
전 화 02)333-3577
팩 스 02)6455-3477
이메일 dodreamedia@naver.com(원고 투고 및 출판 관련 문의)
카 페 https://cafe.naver.com/dodreamedia

ISBN 979-11-94223-13-9 (03320)